Classiques & Cie LYCÉE

Pierre C

L'Illusion comique (1635)

et autres textes
sur le théâtre dans le théâtre

Texte intégral suivi d'un dossier critique
pour la préparation du bac français

Collection dirigée par
Johan Faerber

Édition annotée et commentée par
Laurence Rauline
agrégée de lettres modernes
docteur en littérature française de l'âge classique

L'Illusion comique

Anthologie sur le théâtre dans le théâtre

© Hatier Paris 2012 - ISBN 978-2-218-95928-8

L'ILLUSION COMIQUE

Comédie

À PARIS
Chez François Targa,
au premier pilier de la Grande-Salle du Palais,
devant la Chapelle, au Soleil d'or.

M. DC. XXXIX
AVEC LE PRIVILÈGE DU ROI

À Mademoiselle M. F. D. R. [1]

Mademoiselle,

Voici un étrange monstre [2] que je vous dédie. Le premier acte n'est qu'un prologue, les trois suivants sont une comédie imparfaite, le dernier est une tragédie, et tout cela cousu ensemble fait une comédie. Qu'on en nomme l'invention bizarre et extravagante [3] tant qu'on voudra, elle est nouvelle, et souvent la grâce de la nouveauté parmi nos Français n'est pas un petit degré de bonté. Son succès ne m'a point fait de honte sur le théâtre, et j'ose dire que la représentation de cette pièce capricieuse [4] ne vous a point déplu, puisque vous m'avez commandé de vous en adresser l'Épître [5] quand elle irait sous la presse [6]. Je suis au désespoir de vous la présenter en si mauvais état, qu'elle en est méconnaissable : la quantité de fautes que l'imprimeur a ajoutées aux miennes la déguise, ou pour mieux dire, la change entièrement. C'est l'effet de mon absence de Paris, d'où mes affaires m'ont rappelé sur le point

---

1. La destinataire de l'épître n'est pas identifiée.
2. Monstre : ce qui est contraire aux règles traditionnelles de la dramaturgie (en contexte).
3. Extravagante : bizarre, inhabituelle.
4. Capricieuse : qui prend des libertés avec les règles.
5. Épître : épître dédicatoire, dédicace mise en tête d'un livre.
6. Sous la presse : à l'impression.

qu'il[1] l'imprimait, et m'ont obligé d'en abandonner les épreuves à sa discrétion[2]. Je vous conjure de ne la lire point que vous n'ayez pris la peine de corriger ce que vous trouverez marqué en suite de cette Épître. Ce n'est pas que j'y aie employé[3] toutes les fautes qui s'y sont coulées : le nombre en est si grand qu'il eût épouvanté le lecteur, j'ai seulement choisi celles qui peuvent apporter quelque corruption[4] notable au sens, et qu'on ne peut pas deviner aisément. Pour les autres qui ne sont que contre la rime, ou l'orthographe, ou la ponctuation, j'ai cru que le lecteur judicieux y suppléerait sans beaucoup de difficulté, et qu'ainsi il n'était pas besoin d'en charger cette première feuille. Cela m'apprendra à ne hasarder[5] plus de pièces à l'impression durant mon absence. Ayez assez de bonté pour ne dédaigner[6] pas celle-ci, toute déchirée qu'elle est, et vous m'obligerez d'autant plus à demeurer toute ma vie,

Mademoiselle,

Le plus fidèle et le plus passionné de vos serviteurs,

CORNEILLE.

---

1. **Sur le point qu'il** : au moment où il.
2. **À sa discrétion** : à ses soins, à sa volonté.
3. **Employé** : énuméré.
4. **Corruption** : altération, dégradation.
5. **Hasarder** : risquer, exposer.
6. **Dédaigner** : mépriser.

Examen

Je dirai peu de chose de cette pièce : c'est une galanterie extravagante[1], qui a tant d'irrégularités qu'elle ne vaut pas la peine de la considérer, bien que la nouveauté de ce caprice[2] en ait rendu le succès assez favorable pour ne me repentir pas d'y avoir perdu quelque temps. Le premier acte ne semble qu'un prologue, les trois suivants forment une pièce que je ne sais comment nommer : le succès[3] en est tragique ; Adraste y est tué, et Clindor en péril de mort ; mais le style et les personnages sont entièrement de la comédie. Il y en a même un qui n'a d'être que[4] dans l'imagination, inventé exprès pour faire rire, et dont il ne se trouve point d'original parmi les hommes. C'est un capitan[5] qui soutient assez son caractère de fanfaron pour me permettre de croire qu'on en trouvera peu, dans quelque langue que ce soit, qui s'en acquittent mieux. L'action n'y est pas complète, puisqu'on ne sait, à la fin du quatrième acte qui la termine, ce que deviennent les principaux acteurs, et qu'ils se dérobent plutôt au péril qu'ils n'en triomphent. Le lieu y est assez régulier, mais l'unité de jour

---

1. Galanterie extravagante : pièce légère et non conforme aux règles habituelles de la dramaturgie.
2. Caprice : pièce irrégulière, inspirée par le souci de plaire.
3. Succès : dénouement.
4. N'a d'être que : n'a d'existence que.
5. Capitan : soldat vantard.

n'y est pas observée. Le cinquième est une tragédie assez courte pour n'avoir pas la juste grandeur que demande Aristote et que j'ai tâché d'expliquer. Clindor et Isabelle étant devenus comédiens sans qu'on le sache, y représentent une histoire, qui a du rapport avec la leur, et semble en être la suite. Quelques-uns ont attribué cette conformité à un manque d'invention, mais c'est un trait d'art pour mieux abuser [1] par une fausse mort le père de Clindor qui les regarde, et rendre son retour de la douleur à la joie plus surprenant et plus agréable.

Tout cela cousu ensemble fait une comédie dont l'action n'a pour durée que celle de sa représentation, mais sur quoi il ne serait pas sûr de prendre exemple. Les caprices de cette nature ne se hasardent [2] qu'une fois ; et quand l'original aurait passé pour merveilleux, la copie n'en peut jamais rien valoir. Le style semble assez proportionné aux matières, si ce n'est que Lise, en la sixième scène du troisième acte, semble s'élever un peu trop au-dessus du caractère de servante. Ces deux vers d'Horace lui serviront d'excuse, aussi bien qu'au père du Menteur [3], quand il se met en colère contre son fils au cinquième :

Interdum tamen et vocem comoedia tollit,
Iratusque Chremes tumido delitigat ore [4].

---

1. **Abuser** : tromper.
2. **Hasardent** : risquent.
3. Allusion au *Menteur* (1644), comédie de Corneille.
4. « Quelquefois cependant la comédie élève aussi le ton, / et Chrémès en colère enfle sa voix pour gronder » (Horace, poète latin du Ier siècle av. J.-C., *Art poétique*, v. 93-94).

Je ne m'étendrai pas davantage sur ce poème[1]. Tout irrégulier qu'il est, il faut qu'il ait quelque mérite, puisqu'il a surmonté l'injure des temps, et qu'il paraît encore sur nos théâtres, bien qu'il y ait plus de vingt et cinq années qu'il est au monde, et qu'une si longue révolution[2] en ait enseveli beaucoup sous la poussière, qui semblaient avoir plus de droit que lui de prétendre à une si heureuse durée.

---

1. Poème : poème dramatique, pièce de théâtre.
2. Révolution : temps qui a passé, période.

Acteurs

ALCANDRE, magicien.

PRIDAMANT, père de Clindor.

DORANTE, ami de Pridamant.

MATAMORE, capitan[1] gascon, amoureux d'Isabelle.

CLINDOR, suivant du capitan et amant[2] d'Isabelle.

ADRASTE, gentilhomme amoureux d'Isabelle.

GÉRONTE, père d'Isabelle.

ISABELLE, fille de Géronte.

LISE, servante d'Isabelle.

GEÔLIER de Bordeaux.

PAGE du capitan.

ROSINE, princesse d'Angleterre, femme de Florilame.

ÉRASTE, écuyer de Florilame.

TROUPE de domestiques d'Adraste.

TROUPE de domestiques de Florilame.

La scène est en Touraine, en une campagne proche de la grotte du magicien.

---

1. Capitan : soldat vantard.
2. Amant : qui aime et qui est aimé.

Acte premier

Scène première

Dorante

Ce grand mage dont l'art commande à la nature
N'a choisi pour palais que cette grotte obscure ;
La nuit qu'il entretient sur cet affreux séjour,
N'ouvrant son voile épais qu'aux rayons d'un faux jour,
5 De leur éclat douteux n'admet en ces lieux sombres
Que ce qu'en peut souffrir[1] le commerce[2] des ombres.
N'avancez pas, son art au pied de ce rocher
A mis de quoi punir qui s'en ose approcher,
Et cette large bouche est un mur invisible,
10 Où l'air en sa faveur devient inaccessible,
Et lui fait un rempart dont les funestes bords
Sur un peu de poussière étalent mille morts.
Jaloux de son repos plus que de sa défense,
Il perd qui l'importune[3] ainsi que qui l'offense.
15 Si bien que ceux qu'amène un curieux désir

---

1. Souffrir : tolérer.
2. Commerce : fréquentation.
3. Qui l'importune : quelqu'un qui lui est désagréable.

Pour consulter Alcandre attendent son loisir,

Chaque jour il se montre, et nous touchons à l'heure

Que pour se divertir il sort de sa demeure.

PRIDAMANT

J'en attends peu de choses et brûle de le voir,

20   J'ai de l'impatience et je manque d'espoir,

Ce fils, ce cher objet de mes inquiétudes,

Qu'ont éloigné de moi des traitements trop rudes,

Et que depuis dix ans je cherche en tant de lieux,

A caché pour jamais[1] sa présence à mes yeux.

25   Sous ombre qu'il[2] prenait un peu trop de licence[3],

Contre ses libertés je roidis ma puissance,

Je croyais le réduire[4] à force de punir,

Et ma sévérité ne fit que le bannir.

Mon âme vit l'erreur dont elle était séduite,

30   Je l'outrageais présent[5] et je pleurai sa fuite :

Et l'amour paternel me fit bientôt sentir

D'une injuste rigueur un juste repentir.

Il l'a fallu chercher, j'ai vu dans mon voyage

Le Pô, le Rhin, la Meuse, et la Seine et le Tage[6],

35   Toujours le même soin travaille mes esprits,

Et ces longues erreurs[7] ne m'en ont rien appris.

Enfin au désespoir de perdre tant de peine,

---

1. **Pour jamais** : pour toujours.

2. **Sous ombre qu'il** : sous prétexte qu'il.

3. **Licence** : liberté excessive.

4. **Réduire** : soumettre.

5. **Présent** : lorsqu'il était là.

6. **Le Pô, le Rhin, la Meuse, la Seine et le Tage** : fleuves d'Italie, d'Allemagne, de France et d'Espagne.

7. **Erreurs** : errances, voyages.

Et n'attendant plus rien de la prudence[1] humaine,
Pour trouver quelque fin à tant de maux soufferts,
40 J'ai déjà sur ce point consulté les Enfers[2],
J'ai vu les plus fameux en ces noires sciences,
Dont vous dites qu'Alcandre a tant d'expérience.
On en faisait l'état que vous faites de lui,
Et pas un d'eux n'a pu soulager mon ennui[3].
45 L'Enfer devient muet quand il me faut répondre ;
Ou ne me répond rien qu'afin de me confondre.

DORANTE

Ne traitez pas Alcandre en homme du commun[4],
Ce qu'il sait en son art n'est connu de pas un.
Je ne vous dirai point qu'il commande au tonnerre,
50 Qu'il fait enfler les mers, qu'il fait trembler la terre,
Que de l'air qu'il mutine[5] en mille tourbillons
Contre ses ennemis il fait des bataillons,
Que de ses mots savants les forces inconnues
Transportent les rochers, font descendre les nues[6],
55 Et briller dans la nuit l'éclat de deux soleils,
Vous n'avez pas besoin de miracles pareils,
Il suffira pour vous qu'il lit dans les pensées,
Et connaît l'avenir et les choses passées,
Rien n'est secret pour lui dans tout cet univers,
60 Et pour lui nos destins sont des livres ouverts,

---

1. Prudence : sagesse.
2. Les Enfers : les morts.
3. Ennui : tourment.
4. Homme du commun : homme médiocre.
5. Mutine : incite à la révolte, fait se mouvoir.
6. Nues : nuages.

Moi-même ainsi que vous je ne pouvais le croire,
Mais sitôt qu'il me vit, il me dit mon histoire,
Et je fus étonné d'entendre les discours[1]
Des traits les plus cachés de mes jeunes amours.

PRIDAMANT

65 Vous m'en dites beaucoup.

DORANTE

                    J'en ai vu davantage.

PRIDAMANT

Vous essayez en vain de me donner courage,
Mes soins et mes travaux verront sans aucun fruit[2]
Clore mes tristes jours d'une éternelle nuit.

DORANTE

Depuis que j'ai quitté le séjour de Bretagne
70 Pour venir faire ici le noble de campagne,
Et que deux ans d'amour par une heureuse fin
M'ont acquis Silvérie et ce château voisin,
De pas un, que je sache, il n'a déçu l'attente,
Quiconque le consulte en sort l'âme contente,
75 Croyez-moi son secours n'est pas à négliger :
D'ailleurs il est ravi quand il peut m'obliger[3],
Et j'ose me vanter qu'un peu de mes prières
Vous obtiendra de lui des faveurs singulières[4].

---

1. Discours : récits.
2. Fruit : résultat.
3. M'obliger : me rendre service, me faire plaisir.
4. Singulières : remarquables, extraordinaires.

PRIDAMANT

Le sort m'est trop cruel pour devenir si doux.

DORANTE

80 Espérez mieux, il sort, et s'avance vers vous.

Regardez-le marcher : ce visage si grave

Dont le rare savoir tient la nature esclave

N'a sauvé toutefois des ravages du temps

Qu'un peu d'os et de nerfs qu'ont décharnés[1] cent ans,

85 Son corps malgré son âge a les forces robustes,

Le mouvement facile et les démarches justes,

Des ressorts inconnus agitent le vieillard,

Et font de tous ses pas des miracles de l'art[2].

Scène 2

ALCANDRE, PRIDAMANT, DORANTE

DORANTE

Grand démon[3] du savoir de qui les doctes veilles[4]

90 Produisent chaque jour de nouvelles merveilles,

À qui rien n'est secret dans nos intentions,

Et qui vois sans nous voir toutes nos actions,

Si de ton art divin le pouvoir admirable

Jamais[5] en ma faveur se rendit secourable,

---

1. Décharnés : rendus maigres, squelettiques.

2. Art : artifice, magie.

3. Démon : esprit.

4. Doctes veilles : veilles savantes, passées à étudier.

5. Jamais : un jour.

95 De ce père affligé soulage les douleurs.

Une vieille amitié prend part en ses malheurs,

Rennes[1] ainsi qu'à moi lui donna la naissance,

Et presque entre ces bras j'ai passé mon enfance,

Là de son fils et moi naquit l'affection,

100 Nous étions pareils d'âge et de condition[2]…

ALCANDRE

Dorante, c'est assez, je sais ce qui l'amène,

Ce fils est aujourd'hui le sujet de sa peine !

Vieillard, n'est-il pas vrai que son éloignement

Par un juste remords te gêne incessamment[3],

105 Qu'une obstination à te montrer sévère

L'a banni de ta vue, et cause ta misère,

Qu'en vain au repentir de ta sévérité,

Tu cherches en tous lieux ce fils si maltraité ?

PRIDAMANT

Oracle[4] de nos jours qui connais toutes choses,

110 En vain de ma douleur je cacherais les causes,

Tu sais trop quelle fut mon injuste rigueur,

Et vois trop clairement les secrets de mon cœur :

Il est vrai, j'ai failli[5], mais pour mes injustices

Tant de travaux[6] en vain sont d'assez grands supplices.

115 Donne enfin quelque borne à mes regrets cuisants,

---

1. Rennes : ville de Bretagne.
2. Condition : condition sociale.
3. Te gêne incessamment : te torture sans cesse.
4. Oracle : celui qui rend des oracles ; paroles inspirées par la divinité elle-même, auxquelles on accorde une particulière valeur de vérité.
5. Failli : échoué.
6. Travaux : souffrances.

Rends-moi l'unique appui de mes débiles ans[1].
Je le tiendrai rendu si j'en sais des nouvelles,
L'amour pour le trouver me fournira des ailes.
Où fait-il sa retraite ? en quels lieux dois-je aller ?
120   Fût-il au bout du monde, on m'y verra voler.

ALCANDRE

Commencez d'espérer, vous saurez par mes charmes[2]
Ce que le Ciel vengeur refusait à vos larmes,
Vous reverrez ce fils plein de vie et d'honneur,
De son bannissement il tire son bonheur.
125   C'est peu de vous le dire, en faveur de Dorante
Je veux vous faire voir sa fortune éclatante.
Les novices de l'art[3] avecques[4] leurs encens
Et leurs mots inconnus qu'ils feignent tout puissants
Leurs herbes, leurs parfums, et leurs cérémonies,
130   Apportent au métier des longueurs infinies,
Qui ne sont après tout qu'un mystère pipeur[5]
Pour les faire valoir et pour vous faire peur,
Ma baguette à la main j'en ferai davantage,

       Il donne un coup de baguette et on tire
       un rideau derrière lequel sont en parade les
       plus beaux habits des comédiens.

Jugez de votre fils par un tel équipage[6].
135   Eh bien, celui d'un prince a-t-il plus de splendeur ?
Et pouvez-vous encor douter de sa grandeur ?

---

1. **Débiles ans** : faibles années, vieillesse.
2. **Charmes** : sortilèges, effets de la magie.
3. **Novices de l'art** : débutants dans l'art de la magie.
4. **Avecques** : avec.
5. **Pipeur** : trompeur.
6. **Équipage** : costume.

PRIDAMANT

D'un amour paternel vous flattez les tendresses
Mon fils n'est point du rang[1] à porter ces richesses,
Et sa condition[2] ne saurait endurer
140   Qu'avecque tant de pompe il ose se parer[3].

ALCANDRE

Sous un meilleur destin sa fortune rangée
Et sa condition avec le temps changée,
Personne maintenant n'a de quoi murmurer
Qu'en public de la sorte il ose se parer.

PRIDAMANT

145   À cet espoir si doux j'abandonne mon âme,
Mais parmi ces habits je vois ceux d'une femme :
Serait-il marié ?

ALCANDRE

Je vais de ses amours
Et de tous ses hasards[4] vous faire le discours[5].
Toutefois si votre âme était assez hardie,
150   Sous une illusion[6] vous pourriez voir sa vie,
Et tous ses accidents devant vous exprimés
Par des spectres pareils à des corps animés,
Il ne leur manquera ni geste, ni parole.

---

1. **Rang** : rang social.
2. **Condition** : condition sociale.
3. **Qu'avecque tant de pompe il ose se parer** : qu'il ose s'habiller aussi richement, avec tant de majesté.
4. **Hasards** : péripéties de son existence.
5. **Discours** : récit.
6. **Illusion** : apparition magique.

PRIDAMANT

Ne me soupçonnez point d'une crainte frivole,
155 Le portrait de celui que je cherche en tous lieux
Pourrait-il par sa vue épouvanter mes yeux ?

ALCANDRE, *à Dorante.*

Mon cavalier, de grâce, il faut faire retraite[1],
Et souffrir[2] qu'entre nous l'histoire en soit secrète.

PRIDAMANT

Pour un si bon ami je n'ai point de secrets.

DORANTE

160 Il vous faut sans réplique accepter ses arrêts[3].
Je vous attends chez moi.

ALCANDRE

              Ce soir, si bon lui semble,
Il vous apprendra tout quand vous serez ensemble.

Scène 3

ALCANDRE, PRIDAMANT

ALCANDRE

Votre fils tout d'un coup ne fut pas grand seigneur,
Toutes ses actions ne vous font pas honneur,
165 Et je serais marri[4] d'exposer sa misère

---

1. Faire retraite : s'en aller.
2. Souffrir : accepter.
3. Arrêts : décisions.
4. Marri : fâché et repentant.

En spectacle à des yeux autres que ceux d'un père.
Il vous prit quelque argent, mais ce petit butin
À peine lui dura du soir jusqu'au matin.
Et pour gagner Paris il vendit sur la plaine
170   Des brevets[1] à chasser la fièvre et la migraine,
Dit la bonne aventure, et s'y rendit ainsi.
Là, comme on vit d'esprit, il en vécut aussi ;
Dedans Saint-Innocent[2] il se fit secrétaire[3],
Après montant d'état[4], il fut clerc d'un notaire[5] ;
175   Ennuyé de la plume, il la quitta soudain
Et dans l'académie il joua de la main[6].
Il se mit sur la rime, et l'essai de sa veine[7]
Enrichit les chanteurs de la Samaritaine[8] :
Son style prit après de plus beaux ornements,
180   Il se hasarda même à faire des romans,
Des chansons pour Gautier, des pointes pour Guillaume[9] ;
Depuis il trafiqua de chapelets de baume,
Vendit du mithridate[10] en maître opérateur[11],
Revint dans le Palais[12] et fut solliciteur[13] ;

---

1. **Brevets** : formules de charlatan, censées guérir certains maux.
2. **Saint-Innocent** : référence au cloître de Saint-Innocent, à Paris.
3. **Secrétaire** : écrivain public.
4. **État** : situation sociale.
5. **Clerc d'un notaire** : employé qui aide le notaire dans son travail.
6. **Dans l'académie il joua de la main** : il tricha dans une salle de jeu.
7. **Veine** : veine poétique, inspiration.
8. **Chanteurs de la Samaritaine** : chanteurs de rue autour de la fontaine parisienne de la Samaritaine.
9. **Gautier, Guillaume** : chansonniers et célèbres farceurs.
10. **Mithridate** : contrepoison.
11. **Maître opérateur** : parfait charlatan.
12. **Palais** : palais de justice.
13. **Solliciteur** : personne payée pour accélérer une procédure judiciaire.

185 Enfin jamais Buscon, Lazarille de Tormes,
Sayavèdre et Gusman[1] ne prirent tant de formes
C'était là pour Dorante un honnête entretien !

PRIDAMANT

Que je vous suis tenu[2] de ce qu'il n'en sait rien !

ALCANDRE

Sans vous faire rien voir, je vous en fais un conte
190 Dont le peu de longueur épargne votre honte :
Las de tant de métiers sans honneur et sans fruit,
Quelque meilleur destin à Bordeaux l'a conduit,
Et là comme il pensait au choix d'un exercice[3],
Un brave du pays l'a pris à son service.
195 Ce guerrier amoureux en a fait son agent,
Cette commission l'a remeublé d'argent,
Il sait avec adresse, en portant les paroles,
De la vaillante dupe attraper les pistoles[4],
Même de son agent il s'est fait son rival,
200 Et la beauté qu'il sert ne lui veut point de mal.
Lorsque de ses amours vous aurez vu l'histoire,
Je vous le veux montrer plein d'éclat et de gloire,
Et la même action qu'il pratique aujourd'hui.

PRIDAMANT

Que déjà cet espoir soulage mon ennui[5] !

---

1. **Buscon, Lazarille de Tormes, Sayavèdre et Gusman** : référence à des héros picaresques à la mode en France à l'époque.
2. **Que je vous suis tenu** : que je vous sais gré, que je vous suis reconnaissant.
3. **Exercice** : métier.
4. **Pistoles** : argent, pièces de monnaie.
5. **Ennui** : tourment.

ALCANDRE

205 Il a caché son nom en battant la campagne
Et s'est fait, de Clindor, le sieur de la Montagne ;
C'est ainsi que tantôt vous l'entendrez nommer.
Voyez tout sans rien dire, et sans vous alarmer.
Je tarde un peu beaucoup pour votre impatience,
210 N'en concevez pourtant aucune défiance[1],
C'est qu'un charme[2] ordinaire a trop peu de pouvoir
Sur les spectres parlants qu'il faut vous faire voir.
Entrons dedans ma grotte afin que j'y prépare
Quelques charmes nouveaux pour un effet si rare.

---

1. Défiance : méfiance.
2. Charme : sortilège.

Acte II

Scène première

ALCANDRE, PRIDAMANT

ALCANDRE

215 Quoi qui s'offre à vos yeux n'en ayez point d'effroi.
De ma grotte surtout ne sortez qu'après moi,
Sinon, vous êtes mort. Voyez déjà paraître,
Sous deux fantômes vains[1], votre fils et son maître.

PRIDAMANT

Ô Dieux ! je sens mon âme après lui s'envoler.

ALCANDRE

220 Faites-lui du silence et l'écoutez parler.

---

1. **Vains** : irréels.

Scène 2

MATAMORE, CLINDOR

CLINDOR

Quoi ? Monsieur, vous rêvez ! et cette âme hautaine
Après tant de beaux faits semble être encore en peine !
N'êtes-vous point lassé d'abattre des guerriers ?
Soupirez-vous après[1] quelques nouveaux lauriers[2] ?

MATAMORE

225 Il est vrai que je rêve, et ne saurais résoudre[3]
Lequel je dois des deux le premier mettre en poudre,
Du grand Sophi[4] de Perse, ou bien du grand Mogor[5].

CLINDOR

Et de grâce, Monsieur, laissez-les vivre encor.
Qu'ajouterait leur perte à votre renommée ?
230 Et puis quand auriez-vous rassemblé votre armée ?

MATAMORE

Mon armée ! ah, poltron ! ah, traître ! pour leur mort
Tu crois donc que ce bras ne soit pas assez fort !
Le seul bruit de mon nom renverse les murailles[6],
Défait les escadrons, et gagne les batailles,
235 Mon courage invaincu contre les empereurs

---

1. **Soupirez-vous après** : aspirez-vous à.
2. **Lauriers** : symboles de gloire.
3. **Résoudre** : décider.
4. **Sophi** : roi de Perse, actuelle Iran.
5. **Mogor** : ou Mogol, empereur de Mongolie.
6. **Le seul bruit de mon nom renverse les murailles** : allusion à un épisode biblique, dans lequel Josué fit tomber les murailles de Jéricho, en Cisjordanie, au son des trompettes.

N'arme que la moitié de ses moindres fureurs,
D'un seul commandement que je fais aux trois Parques[1],
Je dépeuple l'État des plus heureux monarques,
Le foudre[2] est mon canon, les destins mes soldats,
240   Je couche d'un revers mille ennemis à bas,
D'un souffle je réduis leurs projets en fumée,
Et tu m'oses parler cependant d'une armée !
Tu n'auras plus l'honneur de voir un second Mars[3],
Je vais t'assassiner d'un seul de mes regards,
245   Veillaque[4]. Toutefois, je songe à ma maîtresse,
Le penser m'adoucit ; va, ma colère cesse,
Et ce petit archer qui dompte tous les dieux[5]
Vient de chasser la mort qui logeait dans mes yeux.
Regarde, j'ai quitté cette effroyable mine
250   Qui massacre, détruit, brise, brûle, extermine,
Et, pensant au bel œil qui tient ma liberté,
Je ne suis plus qu'amour, que grâce, que beauté.

CLINDOR

Ô Dieux ! en un moment que tout vous est possible !
Je vous vois aussi beau que vous êtes terrible,
255   Et ne crois point d'objet[6] si ferme en sa rigueur
Qui puisse constamment vous refuser son cœur.

---

1. Parques : trois déesses qui présidaient à la naissance, à la vie et à la mort.
2. Le foudre : attribut de Jupiter, en forme d'éclairs. Il s'agit d'un nom masculin.
3. Mars : dieu romain de la guerre.
4. Veillaque : lâche.
5. Ce petit archer qui dompte tous les Dieux : allusion à Cupidon, dieu romain de l'amour.
6. Objet : objet d'amour, femme.

MATAMORE

Je te le dis encor, ne sois plus en alarme,

Quand je veux j'épouvante, et quand je veux je charme,

Et, selon qu'il me plaît, je remplis tour à tour

260 Les hommes de terreur et les femmes d'amour.

Du temps que ma beauté m'était inséparable

Leurs persécutions[1] me rendaient misérable,

Je ne pouvais sortir sans les faire pâmer[2],

Mille mouraient par jour à force de m'aimer,

265 J'avais des rendez-vous de toutes les princesses,

Les reines à l'envi[3] mendiaient mes caresses ;

Celle d'Éthiopie, et celle du Japon

Dans leurs soupirs d'amour ne mêlaient que mon nom,

De passion pour moi deux sultanes troublèrent[4],

270 Deux autres pour me voir du sérail s'échappèrent,

J'en fus mal quelque temps avec le grand Seigneur !

CLINDOR

Son mécontentement n'allait qu'à votre honneur.

MATAMORE

Ces pratiques nuisaient à mes desseins[5] de guerre,

Et pouvaient m'empêcher de conquérir la terre.

275 D'ailleurs j'en devins las et pour les arrêter

J'envoyai le destin dire à son Jupiter[6]

Qu'il trouvât un moyen qui fît cesser les flammes

---

1. Persécutions : poursuites amoureuses.

2. Pâmer : évanouir.

3. À l'envi : en rivalisant les unes avec les autres.

4. Troublèrent : se prirent de passion, s'émurent.

5. Desseins : projets.

6. Jupiter : père des dieux romains.

Et l'importunité[1] dont m'accablaient les dames,
Qu'autrement ma colère irait dedans les cieux
280   Le dégrader soudain de l'empire des dieux,
Et donnerait à Mars[2] à gouverner son foudre[3].
La frayeur qu'il en eut le fit bientôt résoudre :
Ce que je demandais fut prêt en un moment,
Et depuis je suis beau quand je veux seulement.

CLINDOR

285   Que j'aurais sans cela de poulets[4] à vous rendre !

MATAMORE

De quelle que ce soit, garde-toi bien d'en prendre,
Sinon de... Tu m'entends. Que dit-elle de moi ?

CLINDOR

Que vous êtes des cœurs et le charme et l'effroi,
Et que, si quelque effet peut suivre vos promesses
290   Son sort est plus heureux que celui des déesses.

MATAMORE

Écoute, en ce temps-là dont tantôt je parlois[5],
Les Déesses aussi se rangeaient sous mes lois,
Et je te veux conter une étrange aventure
Qui jeta du désordre en toute la nature,
295   Mais désordre aussi grand qu'on en voie arriver.
Le Soleil fut un jour sans se pouvoir lever,
Et ce visible Dieu que tant de monde adore

---

1. Importunité : action d'importuner, de déranger.
2. Mars : voir note 3 p. 27.
3. Foudre : voir note 2 p. 27.
4. Poulets : billets doux.
5. Parlois : parlais, ancienne forme d'imparfait.

Pour marcher devant lui ne trouvait point d'Aurore ;
On la cherchait partout au lit du vieux Tithon,
300 Dans les bois de Céphale, au palais de Memnon[1],
Et, faute de trouver cette belle fourrière[2],
Le jour jusqu'à midi se passait sans lumière.

CLINDOR

Où se pouvait cacher la reine des clartés ?

MATAMORE

Parbleu[3] je la tenais encore à mes côtés !
305 Aucun n'osa jamais la chercher dans ma chambre,
Et le dernier de juin fut un jour de décembre,
Car enfin supplié par le dieu du Sommeil
Je la rendis au monde et l'on vit le Soleil.

CLINDOR

Cet étrange accident me revient en mémoire,
310 J'étais lors en Mexique, où j'en appris l'histoire,
Et j'entendis conter que la Perse en courroux[4]
De l'affront de son dieu[5] murmurait contre vous.

MATAMORE

J'en ouïs quelque chose, et je l'eusse punie,
Mais j'étais engagé dans la Transylvanie[6],

---

1. Tithon, Céphale, Memnon : mari, amant et fils de la déesse romaine Aurore, qui ouvrait les portes du jour. Tithon était un prince troyen ; Céphale était le fils de Mercure ; Memnon était roi d'Éthiopie.
2. Fourrière : personne qui précède quelqu'un et qui prépare son arrivée. L'Aurore précède et prépare l'arrivée du Soleil.
3. Parbleu : juron (atténuation de « par Dieu »).
4. Courroux : colère.
5. Son dieu : Mithra, dieu du soleil en Perse.
6. Transylvanie : région d'Europe centrale.

315 Où ses ambassadeurs qui vinrent l'excuser
À force de présents me surent apaiser.

CLINDOR

Que la clémence est belle en un si grand courage !

MATAMORE

Contemple, mon ami, contemple ce visage :
Tu vois un abrégé de toutes les vertus.
320 D'un monde d'ennemis sous mes pieds abattus,
Dont la race est périe et la terre déserte,
Pas un qu'à son orgueil n'a jamais dû sa perte[1].
Tous ceux qui font hommage à mes perfections
Conservent leurs États par leurs submissions[2] ;
325 En Europe où les rois sont d'une humeur civile[3]
Je ne leur rase point de château ni de ville,
Je les souffre régner[4] ; mais chez les Africains,
Partout où j'ai trouvé des rois un peu trop vains,
J'ai détruit les pays avecque[5] les monarques,
330 Et leurs vastes déserts en sont de bonnes marques :
Ces grands sables qu'à peine on passe sans horreur
Sont d'assez beaux effets de ma juste fureur.

CLINDOR

Revenons à l'amour, voici votre maîtresse.

---

1. **Pas un qu'à son orgueil n'a jamais dû sa perte** : tous n'ont dû leur perte qu'à leur orgueil.
2. **Submissions** : soumissions.
3. **Civile** : polie, courtoise.
4. **Je les souffre régner** : j'accepte qu'ils règnent.
5. **Avecque** : avec.

MATAMORE

Ce diable de rival l'accompagne sans cesse.

CLINDOR

335 Où vous retirez-vous ?

MATAMORE

Ce fat[1] n'est pas vaillant
Mais il a quelque humeur qui le rend insolent,
Peut-être qu'orgueilleux d'être avec cette belle,
Il serait assez vain pour me faire querelle.

CLINDOR

Ce serait bien courir lui-même à son malheur.

MATAMORE

340 Lorsque j'ai ma beauté, je n'ai point ma valeur.

CLINDOR

Cessez d'être charmant et faites-vous terrible[2].

MATAMORE

Mais tu n'en prévois pas l'accident infaillible[3].
Je ne saurais me faire effroyable à demi,
Je tuerais ma maîtresse avec mon ennemi.
345 Attendons en ce coin l'heure qui les sépare.

CLINDOR

Comme votre valeur, votre prudence[4] est rare.

---

1. **Fat** : homme sot et prétentieux.
2. **Terrible** : qui fait peur.
3. **Infaillible** : qui ne peut manquer d'arriver.
4. **Prudence** : sagesse.

Scène 3

ADRASTE, ISABELLE

ADRASTE

Hélas ! s'il est ainsi, quel malheur est le mien !
Je soupire, j'endure, et je n'avance rien[1],
Et malgré les transports[2] de mon amour extrême,
350 Vous ne voulez pas croire encor que je vous aime.

ISABELLE

Je ne sais pas, Monsieur, de quoi vous me blâmez.
Je me connais aimable, et crois que vous m'aimez :
Dans vos soupirs ardents j'en vois trop d'apparence,
Et quand bien[3] de leur part j'aurais moins d'assurance,
355 Pour peu qu'un honnête homme ait vers moi de crédit[4],
Je lui fais la faveur de croire ce qu'il dit.
Rendez-moi la pareille, et puisqu'à votre flamme
Je ne déguise[5] rien de ce que j'ai dans l'âme,
Faites-moi la faveur de croire sur ce point
360 Que bien que vous m'aimez[6], je ne vous aime point.

ADRASTE

Cruelle, est-ce là donc ce que vos injustices
Ont réservé de prix à de si longs services[7] ?

---

1. **Je n'avance rien** : je n'avance en rien, je ne progresse pas.
2. **Transports** : élans, mouvements.
3. **Quand bien** : quand bien même.
4. **Pour peu qu'un honnête homme ait vers moi de crédit** : pour peu qu'un honnête homme bénéficie de ma confiance.
5. **Déguise** : dissimule, masque.
6. *Bien que* est suivi du verbe *aimer* à l'indicatif. En français moderne, *bien que* est toujours suivi d'un verbe au subjonctif.
7. **Services** : efforts pour vous séduire.

Et mon fidèle amour est-il si criminel
Qu'il doive être puni d'un mépris éternel ?

ISABELLE

365 Nous donnons bien souvent de divers noms aux choses,
Des épines pour moi, vous les nommez des roses,
Ce que vous appelez service, affection,
Je l'appelle supplice et persécution.
Chacun dans sa croyance également s'obstine,
370 Vous pensez m'obliger d'un feu[1] qui m'assassine,
Et la même action, à votre sentiment,
Mérite récompense, au mien un châtiment.

ADRASTE

Donner un châtiment à des flammes[2] si saintes,
Dont j'ai reçu du Ciel les premières atteintes !
375 Oui, le Ciel au moment qu'il me fit respirer
Ne me donna du cœur que pour vous adorer ;
Mon âme prit naissance avecque[3] votre idée ;
Avant que de vous voir vous l'avez possédée,
Et les premiers regards dont m'aient frappé vos yeux
380 N'ont fait qu'exécuter l'ordonnance des Cieux,
Que vous saisir d'un bien qu'ils avaient fait tout vôtre.

ISABELLE

Le Ciel m'eût fait plaisir d'en enrichir un autre,
Il vous fit pour m'aimer, et moi pour vous haïr,

---

1. Feu : amour.
2. Flammes : expressions de l'amour.
3. Avecque : avec.

34

Gardons-nous bien tous deux de lui désobéir[1].
385 Après tout, vous avez bonne part à sa haine,
Ou de quelque grand crime il vous donne la peine,
Car je ne pense pas qu'il soit supplice égal
D'être forcé d'aimer qui[2] vous traite si mal.

ADRASTE

Puisque ainsi vous jugez que ma peine est si dure,
390 Prenez quelque pitié des tourments que j'endure.

ISABELLE

Certes, j'en ai beaucoup, et vous plains d'autant plus
Que je vois ces tourments passer pour superflus,
Et n'avoir pour tout fruit[3] d'une longue souffrance
Que l'incommode honneur d'une triste constance.

ADRASTE

395 Un père l'autorise, et mon feu[4] maltraité
Enfin aura recours à son autorité.

ISABELLE

Ce n'est pas le moyen de trouver votre compte,
Et d'un si beau dessein[5] vous n'aurez que la honte.

ADRASTE

J'espère voir pourtant avant la fin du jour
400 Ce que peut son vouloir au défaut de l'amour.

---

1. Gardons-nous [...] de lui désobéir : ne lui désobéissons pas, évitons de lui désobéir.

2. Qui : quelqu'un qui.

3. Fruit : résultat.

4. Feu : voir note 1 p. 34.

5. Dessein : projet, intention.

ISABELLE

Et moi, j'espère voir, avant que le jour passe,
Un amant accablé de nouvelle disgrâce.

ADRASTE

Eh quoi ! cette rigueur ne cessera jamais ?

ISABELLE

Allez trouver mon père, et me laissez en paix.

ADRASTE

405 Votre âme, au repentir de sa froideur passée,
Ne la veut point quitter sans être un peu forcée.
J'y vais tout de ce pas, mais avec des serments
Que c'est pour obéir à vos commandements.

ISABELLE

Allez continuer une vaine poursuite.

Scène 4

MATAMORE, ISABELLE, CLINDOR

MATAMORE

410 Eh bien, dès qu'il m'a vu comme a-t-il pris la fuite !
M'a-t-il bien su quitter la place[1] au même instant !

ISABELLE

Ce n'est pas honte à lui, les rois en font autant,
Au moins si ce grand bruit qui court de vos merveilles[2]
N'a trompé mon esprit en frappant mes oreilles.

---

1. Quitter la place : partir.
2. Merveilles : actions étonnantes et admirables.

MATAMORE

415 Vous le pouvez bien croire et, pour le témoigner,
Choisissez en quels lieux il vous plaît de régner :
Ce bras tout aussitôt vous conquête[1] un empire.
J'en jure par lui-même, et cela, c'est tout dire.

ISABELLE

Ne prodiguez pas tant ce bras[2] toujours vainqueur,
420 Je ne veux point régner que dessus votre cœur,
Toute l'ambition que me donne ma flamme[3],
C'est d'avoir pour sujets les désirs de votre âme[4].

MATAMORE

Ils vous sont tout acquis et pour vous faire voir
Que vous avez sur eux un absolu pouvoir,
425 Je n'écouterai plus cette humeur de conquête,
Et, laissant tous les rois leurs couronnes en tête,
J'en prendrai seulement deux ou trois pour valets
Qui viendront à genoux vous rendre mes poulets[5].

ISABELLE

L'éclat de tels suivants attirerait l'envie[6]
430 Sur le rare bonheur où je coule ma vie.
Le commerce[7] discret de nos affections
N'a besoin que de lui pour ces commissions.

Elle montre Clindor.

---

1. Conquête : conquiert.
2. Ne prodiguez pas tant ce bras : ne dépensez pas sans mesure vos forces guerrières.
3. Flamme : amour.
4. C'est [...] votre âme : c'est que les désirs de votre âme me soient soumis.
5. Poulets : billets doux.
6. Envie : jalousie.
7. Commerce : relation, fréquentation.

MATAMORE

Vous avez, dieu me sauve, un esprit à ma mode,
Vous trouvez comme moi la grandeur incommode,
435   Les sceptres les plus beaux n'ont rien pour moi d'exquis,
Je les rends aussitôt que je les ai conquis,
Et me suis vu charmer quantité de princesses
Sans que jamais mon cœur acceptât ces maîtresses.

ISABELLE

Certes en ce point seul je manque un peu de foi[1].
440   Que vous ayez quitté des princesses pour moi!
Qu'elles n'aient pu blesser un cœur dont je dispose!

MATAMORE

Je crois que la Montagne en saura quelque chose.
Viens çà : lorsqu'en la Chine en ce fameux tournoi,
Je donnai dans la vue[2] aux deux filles du roi,
445   Sus-tu rien de leur flamme[3] et de la jalousie
Dont pour moi toutes deux avaient l'âme saisie ?

CLINDOR

Par vos mépris enfin l'une et l'autre mourut.
J'étais lors en Égypte, où le bruit en courut,
Et ce fut en ce temps que la peur de vos armes
450   Fit nager le grand Caire[4] en un fleuve de larmes :
Vous veniez d'assommer dix géants en un jour,
Vous aviez désolé[5] les pays d'alentour,

---

1. Je manque un peu de foi : j'ai du mal à vous croire.
2. Je donnai dans la vue : je plus.
3. Flamme : voir note 3 p. 37.
4. Le Caire : capitale de l'Égypte.
5. Désolé : ravagé.

Rasé quinze châteaux, aplani deux montagnes,
Fait passer par le feu, villes, bourgs et campagnes,
455 Et défait vers Damas[1] cent mille combattants.

MATAMORE

Que tu remarques bien et les lieux et les temps !
Je l'avais oublié.

ISABELLE

Des faits si pleins de gloire
Vous peuvent-ils ainsi sortir de la mémoire ?

MATAMORE

Trop pleine des lauriers[2] remportés sur les rois,
460 Je ne la charge point de ces menus exploits.

PAGE

Monsieur...

MATAMORE

Que veux-tu, page[3] ?

PAGE

Un courrier[4] vous demande.

MATAMORE

D'où vient-il ?

PAGE

De la part de la reine d'Islande.

---

1. **Damas** : capitale de la Syrie.
2. **Lauriers** : symboles de gloire.
3. **Page** : jeune noble au service d'un seigneur.
4. **Courrier** : porteur de lettre(s).

MATAMORE

Ciel qui sais comme quoi j'en suis persécuté,
Un peu plus de repos avec moins de beauté !
465 Fais qu'un si long mépris enfin la désabuse[1] !

CLINDOR, *à Isabelle*.

Voyez ce que pour vous ce grand guerrier refuse.

ISABELLE

Je n'en puis plus douter.

CLINDOR

Il vous le disait bien.

MATAMORE

Elle m'a beau prier, non, je n'en ferai rien !
Et quoi qu'un fol espoir ose encor lui promettre,
470 Je lui vais envoyer sa mort dans une lettre.
Trouvez-le bon, ma reine, et souffrez[2] cependant
Une heure d'entretien de ce cher confident,
Qui, comme de ma vie il sait toute l'histoire,
Vous fera voir sur qui vous avez la victoire.

ISABELLE

475 Tardez encore moins, et, par ce prompt retour,
Je jugerai quelle[3] est envers moi votre amour.

---

1. **Désabuse** : détrompe, rende lucide.
2. **Souffrez** : acceptez.
3. Au XVIIe siècle, le nom « amour » est parfois féminin.

Scène 5

CLINDOR, ISABELLE

CLINDOR

Jugez plutôt par là l'humeur du personnage :
Ce page n'est chez lui que pour ce badinage[1],
Et venir d'heure en heure avertir Sa Grandeur
480 D'un courrier[2], d'un agent, ou d'un ambassadeur.

ISABELLE

Ce message me plaît bien plus qu'il ne lui semble :
Il me défait d'un fou pour nous laisser ensemble.

CLINDOR

Ce discours favorable enhardira mes feux[3]
À bien user d'un temps si propice à mes vœux[4].

ISABELLE

485 Que m'allez-vous conter ?

CLINDOR

Que j'adore Isabelle ;
Que je n'ai plus de cœur ni d'âme que pour elle ;
Que ma vie...

ISABELLE

Épargnez ces propos superflus.
Je les sais, je les crois, que voulez-vous de plus ?
Je néglige à vos yeux l'offre d'un diadème,

---

1. Badinage : plaisanterie, jeu.
2. Courrier : voir note 4 p. 39.
3. Enhardira mes feux : me donnera plus d'audace dans l'expression de mes sentiments amoureux.
4. Vœux : expression des désirs.

490 Je dédaigne un rival, en un mot je vous aime.
C'est aux commencements des faibles passions
À s'amuser[1] encore aux protestations !
Il suffit de nous voir, au point où sont les nôtres,
Un clin d'œil vaut pour vous tous les discours des autres.

CLINDOR

495 Dieux ! qui l'eût jamais cru, que mon sort rigoureux
Se rendît si facile à mon cœur amoureux !
Banni de mon pays par la rigueur d'un père,
Sans support[2], sans amis, accablé de misère,
Et réduit à flatter le caprice arrogant
500 Et les vaines humeurs d'un maître extravagant,
En ce piteux état ma fortune si basse
Trouve encor quelque part en votre bonne grâce,
Et d'un rival puissant les biens et la grandeur
Obtiennent moins sur vous que ma sincère ardeur !

ISABELLE

505 C'est comme[3] il faut choisir, et l'amour véritable
S'attache seulement à ce qu'il voit d'aimable ;
Qui[4] regarde les biens, ou la condition[5],
N'a qu'un amour avare ou plein d'ambition,
Et souille lâchement par ce mélange infâme
510 Les plus nobles désirs qu'enfante une belle âme.
Je sais bien que mon père a d'autres sentiments[6]

---

1. S'amuser : perdre du temps.
2. Support : soutien.
3. C'est comme : c'est ainsi que.
4. Qui : quelqu'un qui, celui qui.
5. Condition : condition sociale.
6. D'autres sentiments : un autre point de vue.

Et mettra de l'obstacle à nos contentements,
Mais l'amour sur mon cœur a pris trop de puissance
Pour écouter encor les lois de la naissance.
515 Mon père peut beaucoup, mais bien moins que ma foi[1],
Il a choisi pour lui, je veux choisir pour moi.

CLINDOR

Confus de voir donner à mon peu de mérite...

ISABELLE

Voici mon importun[2], souffrez[3] que je l'évite.

Scène 6

ADRASTE, CLINDOR

ADRASTE

Que vous êtes heureux, et quel malheur me suit !
520 Ma maîtresse vous souffre, et l'ingrate me fuit !
Quelque goût qu'elle prenne en votre compagnie
Sitôt que j'ai paru, mon abord l'a bannie[4] !

CLINDOR

Sans qu'elle ait vu vos pas s'adresser[5] en ce lieu,
Lasse de mes discours elle m'a dit adieu.

---

1. Foi : amour fidèle.
2. Importun : qui dérange, qui n'est pas le bienvenu.
3. Souffrez : acceptez, tolérez.
4. Mon abord l'a bannie : mon arrivée l'a fait partir.
5. S'adresser : se diriger.

ADRASTE

525 Lasse de vos discours ! votre humeur est trop bonne
Et votre esprit trop beau pour ennuyer personne !
Mais que lui contiez-vous qui pût l'importuner[1] ?

CLINDOR

Des choses qu'aisément vous pouvez deviner,
Les amours de mon maître, ou plutôt ses sottises,
530 Ses conquêtes en l'air, ses hautes entreprises.

ADRASTE

Voulez-vous m'obliger[2] ? Votre maître ni vous
N'êtes pas gens tous deux à me rendre jaloux,
Mais si vous ne pouvez arrêter ses saillies[3],
Divertissez[4] ailleurs le cours de ses folies.

CLINDOR

535 Que craignez-vous de lui, dont tous les compliments
Ne parlent que de morts et de saccagements[5],
Qu'il bat, terrasse, brise, étrangle, brûle, assomme ?

ADRASTE

Pour être son valet je vous trouve honnête homme[6] ;
Vous n'avez point la mine à servir sans dessein[7]
540 Un fanfaron plus fou que son discours n'est vain.
Quoi qu'il en soit, depuis que je vous vois chez elle,
Toujours de plus en plus je l'éprouve cruelle :

----

1. **L'importuner** : lui être désagréable.
2. **M'obliger** : m'être agréable.
3. **Saillies** : mots d'esprit.
4. **Divertissez** : détournez.
5. **Saccagements** : saccages, destructions.
6. **Honnête homme** : de compagnie agréable et distinguée.
7. **Dessein** : projet, arrière-pensée.

Ou vous servez quelque autre, ou votre qualité[1]
Laisse dans vos projets trop de témérité.
545 Je vous tiens fort suspect de quelque haute adresse[2].
Que votre maître enfin fasse une autre maîtresse,
Ou, s'il ne peut quitter un entretien si doux,
Qu'il se serve du moins d'un autre que de vous.
Ce n'est pas qu'après tout les volontés d'un père
550 Qui sait ce que je suis, ne terminent l'affaire ;
Mais purgez-moi[3] l'esprit de ce petit souci,
Et, si vous vous aimez, bannissez-vous d'ici ;
Car si je vous vois plus regarder cette porte,
Je sais comme[4] traiter les gens de votre sorte.

CLINDOR

555 Me croyez-vous bastant[5] de nuire à votre feu[6] ?

ADRASTE

Sans réplique, de grâce, ou vous verrez beau jeu[7] !
Allez, c'est assez dit.

CLINDOR

Pour un léger ombrage[8],
C'est trop indignement traiter un bon courage.
Si le Ciel en naissant ne m'a fait grand seigneur,

1. **Qualité** : noble naissance.
2. **Adresse** : ruse.
3. **Purgez-moi** : délivrez-moi.
4. **Comme** : comment.
5. **Bastant** : capable.
6. **Feu** : amour.
7. **Vous verrez beau jeu** : vous en subirez les conséquences, je vous le ferai payer.
8. **Ombrage** : jalousie.

560 Il m'a fait le cœur ferme et sensible à l'honneur,
Et je suis homme à rendre un jour ce qu'on me prête.

ADRASTE

Quoi ! vous me menacez ?

CLINDOR

Non, non, je fais retraite[1].
D'un si cruel affront vous aurez peu de fruit[2],
Mais ce n'est pas ici qu'il faut faire du bruit.

Scène 7

ADRASTE, LISE

ADRASTE

565 Ce bélître[3] insolent me fait encor bravade[4].

LISE

À ce compte, Monsieur, votre esprit est malade ?

ADRASTE

Malade, mon esprit ?

LISE

Oui, puisqu'il est jaloux
Du malheureux agent de ce prince des fous.

---

1. **Je fais retraite** : je me retire.
2. **Vous aurez peu de fruit** : vous ne tirerez rien, vous n'aurez aucune récompense.
3. **Bélître** : vaurien.
4. **Me fait encor bravade** : me défie encore.

ADRASTE

Je suis trop glorieux et crois trop d'Isabelle
570 Pour craindre qu'un valet me supplante auprès d'elle.
Je ne puis toutefois souffrir[1] sans quelque ennui[2]
Le plaisir qu'elle prend à rire avecque[3] lui.

LISE

C'est dénier ensemble et confesser la dette[4].

ADRASTE

Nomme, si tu le veux, ma boutade[5] indiscrète,
575 Et trouve mes soupçons bien ou mal à propos,
Je l'ai chassé d'ici pour me mettre en repos.
En effet, qu'en est-il ?

LISE

Si j'ose vous le dire,
Ce n'est plus que pour lui qu'Isabelle soupire.

ADRASTE

Ô Dieu, que me dis-tu ?

LISE

Qu'il possède son cœur,
580 Que jamais feux naissants[6] n'eurent tant de vigueur,
Qu'ils meurent l'un pour l'autre et n'ont qu'une pensée.

---

1. **Souffrir** : supporter.
2. **Ennui** : tourment.
3. **Avecque** : avec.
4. **C'est dénier ensemble et confesser la dette** : c'est à la fois nier et avouer, c'est dire une chose et son contraire en même temps.
5. **Boutade** : parole de mauvaise humeur (référence à la menace contre Clindor).
6. **Feux naissants** : sentiments amoureux à leur début.

ADRASTE

Trop ingrate beauté, déloyale, insensée,
Tu m'oses donc ainsi préférer un maraud[1] ?

LISE

Ce rival orgueilleux le porte bien plus haut[2],
585   Et je vous en veux faire entière confidence :
Il se dit gentilhomme et riche.

ADRASTE

Ah ! l'impudence[3] !

LISE

D'un père rigoureux fuyant l'autorité,
Il a couru longtemps d'un et d'autre côté ;
Enfin, manque d'argent peut-être, ou par caprice,
590   De notre Rodomont[4] il s'est mis au service,
Où, choisi pour agent de ses folles amours[5],
Isabelle a prêté l'oreille à ses discours.
Il a si bien charmé cette pauvre abusée[6]
Que vous en avez vu votre ardeur méprisée,
595   Mais parlez à son père, et bientôt son pouvoir
Remettra son esprit aux termes du devoir.

ADRASTE

Je viens tout maintenant d'en tirer assurance
De recevoir les fruits de ma persévérance,

---

1. **Maraud** : homme méprisable, qui ne mérite aucune considération.
2. **Le porte bien plus haut** : fait vraiment le fier.
3. **Impudence** : effronterie, absence de honte.
4. **Rodomont** : vantard.
5. Le nom *amour* est féminin au pluriel.
6. **Abusée** : trompée, dupe.

Et devant qu'il soit peu[1] nous en verrons l'effet.
600 Mais écoute, il me faut obliger[2] tout à fait.

LISE

Où je vous puis servir, j'ose tout entreprendre.

ADRASTE

Peux-tu dans leurs amours me les faire surprendre ?

LISE

Il n'est rien plus aisé, peut-être dès ce soir.

ADRASTE

Adieu donc. Souviens-toi de me les faire voir.
605 Cependant prends ceci[3] seulement par avance.

LISE

Que le galant alors soit frotté d'importance[4] !

ADRASTE

Crois-moi qu'il se verra pour te mieux contenter,
Chargé d'autant de bois qu'il en pourra porter[5].

Scène 8

LISE

L'arrogant croit déjà tenir ville gagnée,
610 Mais il sera puni de m'avoir dédaignée.

---

1. Devant qu'il soit peu : avant peu, très vite.
2. Obliger : faire plaisir, rendre service.
3. Une didascalie de 1660 précise qu'Adraste donne un diamant à Lise.
4. Frotté d'importance : frappé avec vigueur.
5. Chargé d'autant de bois qu'il en pourra porter : frappé autant qu'il le pourra supporter, maltraité autant que ce sera possible.

Parce qu'il est aimable, il fait le petit dieu,
Et ne veut s'adresser qu'aux filles de bon lieu[1] ;
Je ne mérite pas l'honneur de ses caresses :
Vraiment c'est pour son nez[2], il lui faut des maîtresses ;
615 Je ne suis que servante, et qu'est-il que valet ?
Si son visage est beau, le mien n'est pas trop laid ;
Il se dit riche et noble, et cela me fait rire :
Si loin de son pays, qui n'en peut autant dire ?
Qu'il le soit, nous verrons ce soir, si je le tiens,
620 Danser sous le cotret[3] sa noblesse et ses biens.

Scène 9

ALCANDRE, PRIDAMANT

ALCANDRE

Le cœur vous bat un peu.

PRIDAMANT

Je crains cette menace.

ALCANDRE

Lise aime trop Clindor pour causer sa disgrâce.

PRIDAMANT

Elle en est méprisée et cherche à se venger.

ALCANDRE

Ne craignez point : l'amour la fera bien changer.

---

1. **De bon lieu** : de bonne naissance.
2. **C'est pour son nez** : il n'en verra pas la couleur (familier).
3. **Cotret** : bâton.

Acte III

Scène première

GÉRONTE

625 Apaisez vos soupirs et tarissez vos larmes ;
Contre ma volonté ce sont de faibles armes ;
Mon cœur, quoique sensible à toutes vos douleurs,
Écoute la raison et néglige vos pleurs.
Je connais votre bien beaucoup mieux que vous-même.
630 Orgueilleuse, il vous faut, je pense, un diadème !
Et ce jeune baron, avecque[1] tout son bien,
Passe encore chez vous pour un homme de rien !
Que[2] lui manque après tout ? bien fait de corps et d'âme,
Noble, courageux, riche, adroit et plein de flamme,
635 Il vous fait trop d'honneur.

ISABELLE

Je sais qu'il est parfait,
Et reconnais fort mal les honneurs qu'il me fait
Mais, si votre bonté me permet en ma cause
Pour me justifier de dire quelque chose,
Par un secret instinct que je ne puis nommer

---

1. **Avecque** : avec.
2. **Que** : qu'est-ce qui.

640 J'en fais beaucoup d'état, et ne le puis aimer.

De certains mouvements que le Ciel nous inspire

Nous font aux yeux d'autrui souvent choisir le pire ;

C'est lui qui d'un regard fait naître en notre cœur

L'estime ou le mépris, l'amour ou la rigueur ;

645 Il attache ici-bas avec des sympathies

Les âmes que son choix a là-haut assorties ;

On n'en saurait unir sans ses avis secrets,

Et cette chaîne manque où manquent ses décrets.

Aller contre les lois de cette providence[1],

650 C'est le prendre à partie et blâmer sa prudence[2],

L'attaquer en rebelle et s'exposer aux coups

Des plus âpres malheurs qui suivent son courroux[3].

GÉRONTE

Impudente[4], est-ce ainsi que l'on se justifie ?

Quel maître vous apprend cette philosophie ?

655 Vous en savez beaucoup, mais tout votre savoir

Ne m'empêchera pas d'user de mon pouvoir.

Si le Ciel pour mon choix vous donne tant de haine,

Vous a-t-il mise en feu[5] pour ce grand capitaine ?

Ce guerrier valeureux vous tient-il dans ses fers[6],

660 Et vous a-t-il domptée avec tout l'univers ?

Ce fanfaron doit-il relever[7] ma famille ?

---

1. Providence : sagesse qui témoigne de l'action de Dieu sur terre.

2. Prudence : sagesse.

3. Courroux : colère.

4. Impudente : effrontée, femme qui n'a pas honte.

5. Mise en feu : inspiré de l'amour.

6. Dans ses fers : en son pouvoir.

7. Relever : assurer la relève (en lui donnant des petits-enfants).

ISABELLE

Eh! de grâce, Monsieur, traitez mieux votre fille!

GÉRONTE

Quel sujet donc vous porte à me désobéir?

ISABELLE

Mon heur[1] et mon repos, que je ne puis trahir:
665 Ce que vous appelez un heureux hyménée[2]
N'est pour moi qu'un enfer si j'y suis condamnée.

GÉRONTE

Ah! qu'il en est encor de mieux faites que vous
Qui se voudraient bien voir dans un enfer si doux!
Après tout, je le veux, cédez à ma puissance.

ISABELLE

670 Faites un autre essai de mon obéissance.

GÉRONTE

Ne me répliquez plus quand j'ai dit: Je le veux.
Rentrez, c'est désormais trop contesté nous deux.

Scène 2

GÉRONTE

Qu'à présent la jeunesse a d'étranges manies!
Les règles du devoir lui sont des tyrannies,

---

1. **Heur**: bonheur.
2. **Hyménée**: mariage.

675 Et les droits les plus saints deviennent impuissants
À l'empêcher de courre[1] après son propre sens[2].
Mais c'est l'humeur du sexe[3], il aime à contredire
Pour secouer s'il peut le joug[4] de notre empire,
Ne suit que son caprice en ses affections,
680 Et n'est jamais d'accord de nos élections[5].
N'espère pas pourtant, aveugle et sans cervelle,
Que ma prudence[6] cède à ton esprit rebelle.
Mais ce fou viendra-t-il toujours m'embarrasser ?
Par force ou par adresse[7] il me le faut chasser.

Scène 3

GÉRONTE, MATAMORE, CLINDOR

MATAMORE, *à Clindor.*

685 N'auras-tu point enfin pitié de ma fortune[8] ?
Le Grand Vizir[9] encor de nouveau m'importune ;
Le Tartare[10] d'ailleurs m'appelle à son secours ;

---

1. **Courre** : courir.
2. **Sens** : sentiment.
3. **Sexe** : sexe féminin, femmes.
4. **Joug** : domination.
5. **N'est jamais d'accord de nos élections** : n'approuve jamais nos choix.
6. **Prudence** : sagesse.
7. **Adresse** : habileté, ruse.
8. **Fortune** : sort.
9. **Grand Vizir** : premier ministre chez les Turcs.
10. **Le Tartare** : les Tartares, peuple d'Asie centrale (Mongols).

Narsingue et Calicut[1] m'en pressent tous les jours :
Si je ne les refuse, il me faut mettre en quatre[2].

CLINDOR

690 Pour moi, je suis d'avis que vous les laissiez battre[3].
Vous emploieriez trop mal vos invincibles coups
Si, pour en servir un, vous faisiez trois jaloux.

MATAMORE

Tu dis bien, c'est assez de telles courtoisies ;
Je ne veux qu'en amour donner des jalousies.
695 Ah ! Monsieur, excusez si faute de vous voir,
Bien que si près de vous, je manquais au devoir.
Mais quelle émotion paraît sur ce visage ?
Où sont vos ennemis que j'en fasse un carnage ?

GÉRONTE

Monsieur, grâces aux Dieux, je n'ai point d'ennemis.

MATAMORE

700 Mais grâces à ce bras qui vous les a soumis.

GÉRONTE

C'est une grâce encor que j'avais ignorée.

MATAMORE

Depuis que ma faveur pour vous s'est déclarée,
Ils sont tous morts de peur, ou n'ont osé branler[4].

---

1. Narsingue et Calicut : anciens royaumes de l'Inde.
2. Si je ne les refuse, il me faut mettre en quatre : si j'accepte de les aider, il faut que je me donne beaucoup de mal.
3. Battre : se battre.
4. Branler : bouger.

GÉRONTE

C'est ailleurs maintenant qu'il vous faut signaler :
705 Il fait beau voir ce bras plus craint que le tonnerre
Demeurer si paisible en un temps plein de guerre,
Et c'est pour acquérir un nom bien relevé,
D'être dans une ville à battre le pavé !
Chacun croit votre gloire à faux titre usurpée,
710 Et vous ne passez plus que pour traîneur d'épée.

MATAMORE

Ah ventre[1] ! il est tout vrai que vous avez raison !
Mais le moyen d'aller, si je suis en prison[2] ?
Isabelle m'arrête, et ses yeux pleins de charmes
Ont captivé mon cœur et suspendu mes armes.

GÉRONTE

715 Si rien que son sujet ne vous tient arrêté
Faites votre équipage[3] en toute liberté :
Elle n'est pas pour vous, n'en soyez point en peine.

MATAMORE

Ventre ! que dites-vous ? Je la veux faire reine.

GÉRONTE

Je ne suis pas d'humeur à rire tant de fois
720 Du grotesque récit de vos rares exploits.
La sottise ne plaît qu'alors qu'elle est nouvelle.

---

1. **Ventre** : abréviation du juron «ventrebleu» (atténuation de «ventre de Dieu»).
2. **Prison** : sous la contrainte de l'amour (sens figuré).
3. **Faites votre équipage** : préparez-vous.

En un mot, faites reine une autre qu'Isabelle.
Si pour l'entretenir[1] vous venez plus ici...

MATAMORE

Il a perdu le sens[2] de me parler ainsi !
725   Pauvre homme, sais-tu bien que mon nom effroyable
Met le Grand Turc en fuite et fait trembler le diable ?
Que, pour t'anéantir, je ne veux qu'un moment ?

GÉRONTE

J'ai chez moi des valets à mon commandement
Qui se connaissant mal à faire des bravades[3],
730   Répondraient de la main à vos rodomontades[4].

MATAMORE, *à Clindor.*

Dis-lui ce que j'ai fait en mille et mille lieux.

GÉRONTE

Adieu, modérez-vous, il vous en prendra mieux ;
Bien que je ne sois pas de ceux qui vous haïssent,
J'ai le sang un peu chaud et mes gens m'obéissent.

Scène 4

MATAMORE, CLINDOR

MATAMORE

735   Respect de ma maîtresse, incommode vertu,
Tyran de ma vaillance, à quoi me réduis-tu ?

---

1. **Pour l'entretenir** : pour discuter avec elle.
2. **Il a perdu le sens** : il a perdu la raison, il est devenu fou.
3. **Bravades** : paroles de défis.
4. **Rodomontades** : paroles vantardes.

Que n'ai-je eu cent rivaux à la place d'un père
Sur qui, sans t'offenser, laisser choir ma colère ?
Ah ! visible démon, vieux spectre décharné[1],
740   Vrai suppôt de Satan[2], médaille de damné[3],
Tu m'oses donc bannir, et même avec menaces,
Moi de qui tous les rois briguent[4] les bonnes grâces !

CLINDOR

Tandis qu'il est dehors, allez, dès aujourd'hui,
Causer de vos amours et vous moquer de lui.

MATAMORE

745   Cadédiou[5], ses valets feraient quelque insolence !

CLINDOR

Ce fer[6] a trop de quoi dompter leur violence.

MATAMORE

Oui, mais les feux qu'il jette en sortant de prison[7]
Auraient en un moment embrasé la maison,
Dévoré tout à l'heure[8] ardoises et gouttières,
750   Faîtes[9], lattes, chevrons, montants, courbes, filières,
Entretoises, sommiers, colonnes, soliveaux,

---

1. **Décharné** : squelettique.
2. **Suppôt de Satan** : personne malfaisante, partisan du diable.
3. **Médaille de damné** : tête de damné.
4. **Briguent** : recherchent.
5. **Cadédiou** : par la tête de Dieu (juron gascon).
6. **Fer** : épée.
7. **Prison** : fourreau de l'épée (sens figuré).
8. **Tout à l'heure** : aussitôt.
9. **Faîtes** : sommets des toits.

Pannes, soles[1], appuis, jambages[2], traveteaux[3],
Portes, grilles, verrous, serrures, tuiles, pierre,
Plomb, fer, plâtre, ciment, peinture, marbre, verre,
755 Caves, puits, cours, perrons, salles, chambres, greniers,
Offices, cabinets, terrasses, escaliers :
Juge un peu quel désordre aux yeux de ma charmeuse !
Ces feux étoufferaient son ardeur amoureuse ;
Va lui parler pour moi, toi qui n'es pas vaillant ;
760 Tu puniras à moins un valet insolent.

CLINDOR

C'est m'exposer...

MATAMORE

Adieu, je vois ouvrir la porte,
Et crains que sans respect cette canaille sorte.

Scène 5

CLINDOR, LISE

CLINDOR

Le souverain poltron, à qui pour faire peur
Il ne faut qu'une feuille, une ombre, une vapeur !
765 Un vieillard le maltraite, il fuit pour une fille,

---

1. Lattes […] soles : pièces de charpente.
2. Appuis, jambages : pièces qui soutiennent un édifice.
3. Traveteaux : petites solives (pièces de charpente).

Et tremble à tous moments de crainte qu'on l'étrille[1] !
Lise, que ton abord doit être dangereux !
Il donne l'épouvante à ce cœur généreux[2],
Cet unique vaillant, la fleur des capitaines,
770 Qui dompte autant de rois qu'il captive de reines.

LISE

Mon visage est ainsi malheureux en attraits[3] :
D'autres charment de loin, le mien fait peur de près.

CLINDOR

S'il fait peur à des fous, il charme les plus sages ;
Il n'est pas quantité de semblables visages ;
775 Si l'on brûle[4] pour toi, ce n'est pas sans sujet ;
Je ne connus jamais un si gentil objet[5] :
L'esprit beau, prompt, accort[6], l'humeur un peu railleuse,
L'embonpoint ravissant, la taille avantageuse,
Les yeux doux, le teint vif et les traits délicats,
780 Qui serait le brutal qui ne t'aimerait pas ?

LISE

De grâce, et depuis quand me trouvez-vous si belle ?
Voyez bien, je suis Lise, et non pas Isabelle !

CLINDOR

Vous partagez vous deux mes inclinations :
J'adore sa fortune et tes perfections.

---

1. **L'étrille** : le batte.
2. **Généreux** : courageux.
3. **Attraits** : charmes, séduction.
4. **Brûle** : ressent de l'amour.
5. **Un si gentil objet** : un objet d'amour aussi plaisant.
6. **Accort** : agréable, gracieux.

LISE

785 Vous en embrassez trop, c'est assez pour vous d'une,
Et mes perfections cèdent à sa fortune.

CLINDOR

Bien que pour l'épouser je lui donne ma foi,
Penses-tu qu'en effet je l'aime plus que toi ?
L'amour et l'hyménée[1] ont diverse méthode :
790 L'un court au plus aimable, et l'autre au plus commode.
Je suis dans la misère, et tu n'as point de bien[2] ;
Un rien s'assemble mal avec un autre rien.
Mais si tu ménageais ma flamme[3] avec adresse[4],
Une femme est sujette[5], une amante est maîtresse.
795 Les plaisirs sont plus grands à se voir moins souvent ;
La femme les achète, et l'amante les vend ;
Un amour par devoir bien aisément s'altère[6] ;
Les nœuds en sont plus forts quand il est volontaire,
Il hait toute contrainte, et son plus doux appas[7]
800 Se goûte quand on aime et qu'on peut n'aimer pas.
Seconde avec douceur celui que je te porte.

LISE

Vous me connaissez trop pour m'aimer de la sorte,
Et vous en parlez moins de votre sentiment

---

1. **Hyménée** : mariage.
2. **Bien** : richesses.
3. **Flamme** : amour.
4. **Adresse** : habileté.
5. **Sujette** : soumise.
6. **S'altère** : se dégrade.
7. **Appas** : charme.

Qu'à dessein[1] de railler par divertissement.

805   Je prends tout en riant comme vous me le dites.

Allez continuer cependant vos visites.

CLINDOR

Un peu de tes faveurs me rendrait plus content.

LISE

Ma maîtresse là-haut est seule et vous attend.

CLINDOR

Tu me chasses ainsi !

LISE

Non, mais je vous envoie

810   Aux lieux où vous trouvez votre heur[2] et votre joie.

CLINDOR

Que même tes dédains[3] me semblent gracieux !

LISE

Ah ! que vous prodiguez[4] un temps si précieux !

Allez.

CLINDOR

Souviens-toi donc...

LISE

De rien que m'ait pu dire...

CLINDOR

Un amant[5]...

---

1. À dessein : avec l'intention.

2. Heur : bonheur.

3. Dédains : mépris.

4. Prodiguez : dépensez inconsidérément, perdez.

5. Amant : courtisan.

62

LISE

Un causeur qui prend plaisir à rire.

Scène 6

LISE

815 L'ingrat ! il trouve enfin mon visage charmant,
Et pour me suborner[1] il contrefait[2] l'amant !
Qui hait ma sainte ardeur m'aime dans l'infamie[3],
Me dédaigne pour femme et me veut pour amie !
Perfide[4], qu'as-tu vu dedans mes actions
820 Qui te dût enhardir[5] à ces prétentions ?
Qui t'a fait m'estimer digne d'être abusée[6],
Et juger mon honneur une conquête aisée ?
J'ai tout pris en riant, mais c'était seulement
Pour ne t'avertir pas de mon ressentiment[7].
825 Qu'eût produit son éclat[8] que de la défiance ?
Qui cache sa colère assure sa vengeance,
Et ma feinte douceur, te laissant espérer,
Te jette dans les rets[9] que j'ai su préparer.
Va, traître, aime en tous lieux et partage ton âme,

---

1. Suborner : séduire de manière trompeuse.
2. Contrefait : imite.
3. Infamie : déshonneur, honte.
4. Perfide : traîtresse.
5. Enhardir : donner du courage.
6. Abusée : trompée.
7. Ressentiment : colère, rancune.
8. Éclat : manifestation d'un sentiment.
9. Rets : filets, piège.

830　Choisis qui tu voudras pour maîtresse et pour femme,
　　Donne à l'une ton cœur, donne à l'autre ta foi,
　　Mais ne crois plus tromper Isabelle ni moi.
　　Ce long calme bientôt va tourner en tempête,
　　Et l'orage est tout prêt à fondre sur ta tête :
835　Surpris[1] par un rival dans ce cher entretien,
　　Il vengera d'un coup son malheur et le mien.
　　Toutefois qu'as-tu fait qui t'en rende coupable ?
　　Pour chercher sa fortune est-on si punissable ?
　　Tu m'aimes, mais le bien[2] te fait être inconstant :
840　Au siècle[3] où nous vivons qui n'en ferait autant ?
　　Oublions les projets de sa flamme maudite,
　　Et laissons-le jouir du bonheur qu'il mérite.
　　Que de pensers divers en mon cœur amoureux,
　　Et que je sens dans l'âme un combat rigoureux !
845　Perdre qui[4] me chérit ! épargner qui m'affronte !
　　Ruiner ce que j'aime ! aimer qui veut ma honte !
　　L'amour produira-t-il un si cruel effet ?
　　L'impudent[5] rira-t-il de l'affront qu'il m'a fait ?
　　Mon amour me séduit, et ma haine m'emporte ;
850　L'une[6] peut tout sur moi, l'autre n'est pas moins forte.
　　N'écoutons plus l'amour pour un tel suborneur[7],
　　Et laissons à la haine assurer mon honneur.

---

1. Surpris : quand tu auras été surpris.
2. Bien : richesse.
3. Siècle : époque.
4. Qui : quelqu'un qui.
5. Impudent : effronté, qui ne ressent aucune honte.
6. L'une : référence à l'amour. Le mot peut être féminin à l'âge classique, même au singulier.
7. Suborneur : séducteur et trompeur.

Scène 7

MATAMORE

Les voilà, sauvons-nous ! Non, je ne vois personne.
Avançons hardiment. Tout le corps me frissonne.
855 Je les entends, fuyons. Le vent faisait ce bruit.
Coulons-nous en faveur des ombres de la nuit[1].
Vieux rêveur[2], malgré toi j'attends ici ma reine.
Ces diables de valets me mettent bien en peine.
De deux mille ans et plus je ne tremblai si fort.
860 C'est trop me hasarder[3] : s'ils sortent, je suis mort ;
Car j'aime mieux mourir que leur donner bataille,
Et profaner[4] mon bras contre cette canaille.
Que le courage expose à d'étranges dangers !
Toutefois en tout cas je suis des plus légers ;
865 S'il ne faut que courir, leur attente est dupée[5] ;
J'ai le pied pour le moins aussi bon que l'épée.
Tout de bon, je les vois. C'est fait il faut mourir.
J'ai le corps tout glacé, je ne saurais courir.
Destin, qu'à ma valeur tu te montres contraire !
870 C'est ma reine elle-même avec mon secrétaire.
Tout mon corps se déglace. Écoutons leurs discours,
Et voyons son adresse à traiter mes amours.

---

1. **Coulons-nous en faveur des ombres de la nuit** : glissons-nous chez Géronte en profitant de la nuit.
2. **Vieux rêveur** : référence à Géronte.
3. **Me hasarder** : prendre de risques.
4. **Profaner** : déshonorer.
5. **Dupée** : trompée.

Scène 8

CLINDOR, ISABELLE, MATAMORE

ISABELLE

Tout se prépare mal du côté de mon père ;
Je ne le vis jamais d'une humeur si sévère ;
875 Il ne souffrira[1] plus votre maître ni vous.
Notre baron d'ailleurs est devenu jaloux,
Et c'est aussi pourquoi je vous ai fait descendre :
Dedans mon cabinet[2], ils nous pourraient surprendre ;
Ici nous causerons en plus de sûreté ;
880 Vous pourrez vous couler[3] d'un et d'autre côté,
Et, si quelqu'un survient, ma retraite est ouverte.

CLINDOR

C'est trop prendre de soin pour empêcher ma perte.

ISABELLE

Je n'en puis prendre trop pour conserver un bien
Sans qui tout l'univers ensemble ne m'est rien.
885 Oui, je fais plus d'état d'avoir gagné votre âme
Que si tout l'univers me connaissait pour dame[4].
Un rival par mon père attaque en vain ma foi[5],
Votre amour seul a droit de triompher de moi.
Des discours de tous deux je suis persécutée ;
890 Mais pour vous je me plais à être maltraitée ;

---

1. **Souffrira** : supportera.
2. **Cabinet** : petite pièce où l'on se retire pour discuter ou travailler.
3. **Couler** : glisser.
4. **Dame** : reine.
5. **Foi** : parole, promesse.

Il n'est point de tourments qui ne me semblent doux,
Si ma fidélité les endure pour vous.

CLINDOR

Vous me rendez confus et mon âme ravie
Ne vous peut en revanche offrir rien que ma vie.
895   Mon sang est le seul bien qui me reste en ces lieux,
Trop heureux de le perdre en servant vos beaux yeux.
Mais si mon astre[1] un jour, changeant son influence,
Me donne un accès libre aux lieux de ma naissance,
Vous verrez que ce choix n'est pas tant inégal,
900   Et que, tout balancé[2], je vaux bien un rival.
Cependant, mon souci, permettez-moi de craindre
Qu'un père et ce rival ne veuillent vous contraindre.

ISABELLE

J'en sais bien le remède, et croyez qu'en ce cas
L'un aura moins d'effet que l'autre n'a d'appas[3].
905   Je ne vous dirai point où[4] je suis résolue :
Il suffit que sur moi je me rends absolue[5],
Que leurs plus grands efforts sont des efforts en l'air,
Et que...

MATAMORE

C'est trop souffrir, il est temps de parler.

ISABELLE

Dieux ! on nous écoutait !

---

1. **Astre** : ce qui est supposé avoir une influence sur le destin.
2. **Tout balancé** : tout bien pesé, tout bien réfléchi.
3. **Appas** : charmes.
4. **Où** : à quoi.
5. **Absolue** : maîtresse, capable de me maîtriser.

CLINDOR

C'est notre capitaine.

910   Je vais bien l'apaiser, n'en soyez pas en peine.

Scène 9

MATAMORE, CLINDOR

MATAMORE

Ah, traître !

CLINDOR

Parlez bas : ces valets...

MATAMORE

Eh bien, quoi ?

CLINDOR

Ils fondront[1] tout à l'heure et sur vous et sur moi.

MATAMORE

Viens çà, tu sais ton crime, et qu'à l'objet[2] que j'aime,
Loin de parler pour moi, tu parlais pour toi-même.

CLINDOR

915   Oui, j'ai pris votre place et vous ai mis dehors.

MATAMORE

Je te donne le choix de trois ou quatre morts.
Je vais d'un coup de poing te briser comme verre,
Ou t'enfoncer tout vif au centre de la terre,

---

1. **Fondront** : se précipiteront.
2. **Objet** : objet d'amour, femme.

Ou te fendre en dix parts d'un seul coup de revers,
920 Ou te jeter si haut au-dessus des éclairs
Que tu sois dévoré des feux élémentaires[1].
Choisis donc promptement, et songe à tes affaires.

CLINDOR

Vous-mêmes choisissez.

MATAMORE

Quels choix proposes-tu ?

CLINDOR

De fuir en diligence[2] ou d'être bien battu.

MATAMORE

925 Me menacer encore ! Ah, ventre[3], quelle audace !
Au lieu d'être à genoux et d'implorer ma grâce !
Il a donné le mot, ces valets vont sortir !
Je m'en vais commander aux mers de t'engloutir.

CLINDOR

Sans vous chercher si loin un si grand cimetière
930 Je vous vais de ce pas jeter dans la rivière.

MATAMORE

Ils sont d'intelligence[4], ah, tête[5] !

---

1. **Feux élémentaires** : feux tels qu'on les trouvait dans le ciel, avant que Prométhée ne dérobe, pour les hommes, ce moyen d'assurer leur survie et leur maîtrise sur le monde.
2. **En diligence** : rapidement.
3. **Ventre** : abréviation du juron « ventrebleu » (atténuation de « ventre de Dieu »).
4. **Ils sont d'intelligence** : ils sont complices.
5. **Tête** : abréviation du juron « têtebleu » (atténuation de « tête de Dieu »).

CLINDOR

Point de bruit,
J'ai déjà massacré dix hommes cette nuit,
Et si vous me fâchez vous en croîtrez le nombre.

MATAMORE

Cadédiou[1] ce coquin[2] a marché dans mon ombre !
935 Il s'est fait tout vaillant d'avoir suivi mes pas.
S'il avait du respect, j'en voudrais faire cas.
Écoute, je suis bon, et ce serait dommage
De priver l'univers d'un homme de courage,
Demande-moi pardon, et quitte cet objet[3]
940 Dont les perfections m'ont rendu son sujet[4] ;
Tu connais ma valeur, éprouve ma clémence.

CLINDOR

Plutôt, si votre amour a tant de véhémence,
Faisons deux coups d'épée au nom de sa beauté.

MATAMORE

Parbleu[5], tu me ravis de générosité[6] !
945 Va, pour la conquérir n'use plus d'artifice,
Je te la veux donner pour prix de tes services.
Plains-toi dorénavant d'avoir un maître ingrat.

---

1. Cadédiou : juron gascon (« par la tête de Dieu »).
2. Coquin : vaurien.
3. Objet : voir note 2 p. 68.
4. Dont les perfections m'ont rendu son sujet : dont les perfections ont fait de moi un homme soumis, sous l'effet du sentiment amoureux.
5. Parbleu : juron (atténuation de « par Dieu »).
6. Générosité : courage.

CLINDOR

À ce rare présent d'aise le cœur me bat.

Protecteur des grands rois, guerrier trop magnanime[1],

950 Puisse tout l'univers bruire[2] de votre estime !

Scène 10

ISABELLE, MATAMORE, CLINDOR

ISABELLE

Je rends grâces au Ciel de ce qu'il a permis

Qu'à la fin sans combat je vous vois bons amis.

MATAMORE

Ne pensez plus, ma reine, à l'honneur que ma flamme[3]

Vous devait faire un jour de vous prendre pour femme :

955 Pour quelque occasion j'ai changé de dessein[4] ;

Mais je vous veux donner un homme de ma main[5].

Faites-en de l'état, il est vaillant lui-même :

Il commandait sous moi.

ISABELLE

Pour vous plaire je l'aime.

CLINDOR

Mais il faut du silence à notre affection.

---

1. Magnanime : caractérisé par sa grandeur d'âme.

2. Bruire : retentir.

3. Flamme : amour.

4. Dessein : projet.

5. Un homme de ma main : un homme à mon service.

MATAMORE

960 Je vous promets silence et ma protection.
Avouez-vous de moi par tous les coins du monde.
Je suis craint à l'égal sur la terre et sur l'onde[1].
Allez, vivez contents sous une même loi.

ISABELLE

Pour vous mieux obéir je lui donne ma foi.

CLINDOR

965 Commandez que sa foi soit d'un baiser suivie.

MATAMORE

Je le veux.

Scène 11

GÉRONTE, ADRASTE, MATAMORE, CLINDOR, ISABELLE,
LISE, TROUPE DE DOMESTIQUES.

ADRASTE

Ce baiser te va coûter la vie,
Suborneur[2]!

MATAMORE

Ils ont pris mon courage en défaut.
Cette porte est ouverte, allons gagner le haut.

CLINDOR

Traître qui te fais fort d'une troupe brigande,
970 Je te choisirai bien au milieu de la bande!

---

1. Onde: eau, mer.
2. Suborneur: séducteur et trompeur.

GÉRONTE

Dieux! Adraste est blessé, courez au médecin,
Vous autres cependant, arrêtez l'assassin.

CLINDOR

Hélas, je cède au nombre! Adieu, chère Isabelle!
Je tombe au précipice où mon destin m'appelle.

GÉRONTE

975 C'en est fait. Emportez ce corps à la maison.
Et vous, conduisez tôt ce traître à la prison.

Scène 12

ALCANDRE, PRIDAMANT

PRIDAMANT

Hélas! mon fils est mort!

ALCANDRE

                  Que vous avez d'alarmes[1]!

PRIDAMANT

Ne lui refusez point le secours de vos charmes[2].

ALCANDRE

Un peu de patience et, sans un tel secours,
980 Vous le verrez bientôt heureux en ses amours.

---

1. **Alarmes**: émotions, frayeur.
2. **Charmes**: pouvoirs magiques, sortilèges.

Acte IV

Scène première

ISABELLE

Enfin le terme approche, un jugement inique[1]
Doit faire agir demain un pouvoir tyrannique,
À son propre assassin immoler[2] mon amant,
En faire une vengeance au lieu d'un châtiment.
985   Par un décret injuste autant comme sévère
Demain doit triompher la haine de mon père,
La faveur du pays, l'autorité du mort,
Le malheur d'Isabelle, et la rigueur du sort.
Hélas ! que d'ennemis, et de quelle puissance
990   Contre le faible appui que donne l'innocence,
Contre un pauvre inconnu de qui tout le forfait
C'est de m'avoir aimée et d'être trop parfait !
Oui, Clindor, tes vertus et ton feu[3] légitime,
T'ayant acquis mon cœur, ont fait aussi ton crime ;
995   Contre elles un jaloux fit son traître dessein[4],
Et reçut le trépas[5] qu'il portait dans ton sein.

---

1. Inique : injuste.
2. Immoler : sacrifier.
3. Feu : amour.
4. Dessein : projet.
5. Trépas : mort.

Qu'il eût valu bien mieux à ta valeur trompée
Offrir ton estomac ouvert[1] à son épée,
Puisque loin de punir ceux qui t'ont attaqué,
1000 Les lois vont achever le coup qu'ils ont manqué !
Tu fusses mort alors, mais sans ignominie[2],
Ta mort n'eût point laissé ta mémoire ternie,
On n'eût point vu le faible opprimé du puissant,
Ni mon pays souillé du sang d'un innocent,
1005 Ni Thémis[3] endurer l'indigne violence
Qui pour l'assassiner emprunte sa balance.
Hélas ! et de quoi sert à mon cœur enflammé[4]
D'avoir fait un beau choix et d'avoir bien aimé,
Si mon amour fatal te conduit au supplice
1010 Et m'apprête à moi-même un mortel précipice !
Car en vain après toi l'on me laisse le jour,
Je veux perdre la vie en perdant mon amour,
Prononçant ton arrêt[5], c'est de moi qu'on dispose,
Je veux suivre ta mort puisque j'en suis la cause,
1015 Et le même moment verra par deux trépas[6]
Nos esprits amoureux se rejoindre là-bas[7].
Ainsi, père inhumain, ta cruauté déçue
De nos saintes ardeurs verra l'heureuse issue,
Et si ma perte alors fait naître tes douleurs,
1020 Auprès de mon amant je rirai de tes pleurs ;

---

1. **Estomac ouvert** : poitrine nue.
2. **Ignominie** : déshonneur.
3. **Thémis** : déesse grecque de la justice.
4. **Enflammé** : amoureux.
5. **Arrêt** : jugement.
6. **Trépas** : voir note 5 p. 74.
7. **Là-bas** : au royaume des morts.

Ce qu'un remords cuisant te coûtera de larmes
D'un si doux entretien augmentera les charmes ;
Ou s'il n'a pas assez de quoi te tourmenter,
Mon ombre[1] chaque jour viendra t'épouvanter,
1025 S'attacher à tes pas dans l'horreur des ténèbres,
Présenter à tes yeux mille images funèbres,
Jeter dans ton esprit un éternel effroi,
Te reprocher ma mort, t'appeler après moi,
Accabler de malheurs ta languissante vie,
1030 Et te réduire au point de me porter envie.
Enfin...

Scène 2

ISABELLE, LISE

LISE

Quoi ! chacun dort, et vous êtes ici !
Je vous jure, Monsieur en est en grand souci.

ISABELLE

Quand on n'a plus d'espoir, Lise, on n'a plus de crainte.
Je trouve des douceurs à faire ici ma plainte :
1035 Ici je vis Clindor pour la dernière fois ;
Ce lieu me redit mieux les accents de sa voix,
Et remet plus avant dans ma triste pensée
L'aimable souvenir de mon amour passée[2].

---

1. Ombre : fantôme.
2. Le nom *amour* est parfois féminin à l'âge classique.

LISE

Que vous prenez de peine à grossir vos ennuis[1] !

ISABELLE

1040 Que veux-tu que je fasse en l'état où je suis ?

LISE

De deux amants parfaits dont vous étiez servie[2],
L'un est mort, et l'autre demain perdra la vie :
Sans perdre plus de temps à soupirer pour eux,
Il en faut trouver un qui les vaille tous deux.

ISABELLE

1045 Impudente[3], oses-tu me tenir ces paroles ?

LISE

Quel fruit espérez-vous de vos douleurs frivoles ?
Pensez-vous, pour pleurer et ternir vos appas[4],
Rappeler votre amant des portes du trépas[5] ?
Songez plutôt à faire une illustre conquête.
1050 Je sais pour vos liens une âme toute prête,
Un homme incomparable.

ISABELLE

                    Ôte-toi de mes yeux.

LISE

Le meilleur jugement ne choisirait pas mieux.

ISABELLE

Pour croître mes douleurs faut-il que je te voie ?

---

1. **Ennuis** : tourments. Le terme a un sens fort au XVIIe siècle.
2. **Servie** : courtisée.
3. **Impudente** : effrontée.
4. **Appas** : charmes.
5. **Trépas** : mort.

LISE

Et faut-il qu'à vos yeux je déguise ma joie ?

ISABELLE

1055 D'où te vient cette joie ainsi hors de saison[1] ?

LISE

Quand je vous l'aurai dit, jugez si j'ai raison.

ISABELLE

Ah ! ne me conte rien !

LISE

Mais l'affaire vous touche.

ISABELLE

Parle-moi de Clindor ou n'ouvre point la bouche.

LISE

Ma belle humeur qui rit au milieu des malheurs
1060 Fait plus en un moment qu'un siècle de vos pleurs :
Elle a sauvé Clindor.

ISABELLE

Sauvé Clindor ?

LISE

Lui-même,
Et puis, après cela, jugez si je vous aime !

ISABELLE

Et de grâce, où faut-il que je l'aille trouver ?

LISE

Je n'ai que commencé, c'est à vous d'achever.

––––––––––––

1. **Hors de saison** : inadaptée aux circonstances, déplacée.

ISABELLE

1065 Ah, Lise !

LISE

Tout de bon, seriez-vous pour le suivre[1] ?

ISABELLE

Si je suivrais celui sans qui je ne puis vivre ?
Lise, si ton esprit ne le tire des fers,
Je l'accompagnerai jusque dans les Enfers.
Va, ne m'informe plus[2] si je suivrais sa fuite !

LISE

1070 Puisqu'à ce beau dessein[3] l'amour vous a réduite,
Écoutez où j'en suis et secondez mes coups :
Si votre amant n'échappe, il ne tiendra qu'à vous.
La prison est fort proche.

ISABELLE

Eh bien ?

LISE

Le voisinage

Au frère du concierge a fait voir mon visage ;
1075 Et comme c'est tout un que me voir et m'aimer,
Le pauvre malheureux s'en est laissé charmer.

ISABELLE

Je n'en avais rien su !

LISE

J'en avais tant de honte

---

1. **Pour le suivre** : capable de le suivre, prête à le suivre.
2. **Ne m'informe plus** : ne me demande plus.
3. **Dessein** : projet.

Que je mourais de peur qu'on vous en fît le conte.

Mais depuis quatre jours votre amant arrêté

1080 A fait que, l'allant voir, je l'ai mieux écouté ;

Des yeux et du discours flattant son espérance,

D'un mutuel amour j'ai formé l'apparence :

Quand on aime une fois et qu'on se croit aimé,

On fait tout pour l'objet[1] dont on est enflammé[2] ;

1085 Par là j'ai sur son âme assuré mon empire,

Et l'ai mis en état de ne m'oser dédire[3].

Quand il n'a plus douté de mon affection,

J'ai fondé mes refus sur sa condition[4] ;

Et lui, pour m'obliger[5], jurait de s'y déplaire,

1090 Mais que malaisément il s'en pouvait défaire,

Que les clefs des prisons qu'il gardait aujourd'hui

Étaient le plus grand bien de son frère et de lui.

Moi de prendre mon temps, que sa bonne fortune

Ne lui pouvait offrir d'heure[6] plus opportune,

1095 Que, pour se faire riche et pour me posséder,

Il n'avait seulement qu'à s'en accommoder[7],

Qu'il tenait dans les fers[8] un seigneur de Bretagne

Déguisé sous le nom du sieur de la Montagne,

Qu'il fallait le sauver et le suivre chez lui,

1100 Qu'il nous ferait du bien et serait notre appui.

---

1. **Objet** : objet d'amour.
2. **Enflammé** : amoureux.
3. **Dédire** : contredire.
4. **Condition** : condition sociale.
5. **M'obliger** : me faire plaisir.
6. **Heure** : occasion.
7. **S'en accommoder** : se décider.
8. **Dans les fers** : en prison.

Il demeure étonné, je le presse, il s'excuse,
Il me parle d'amour, et moi je le refuse.
Je le quitte en colère, il me suit tout confus,
Me fait nouvelle excuse, et moi nouveau refus.

ISABELLE

1105 Mais enfin !

LISE

J'y retourne, et le trouve fort triste,
Je le juge ébranlé, je l'attaque, il résiste.
Ce matin : « en un mot le péril est pressant,
Ç'ai-je dit[1], tu peux tout, et ton frère est absent.
– Mais il faut de l'argent pour un si long voyage,
1110 M'a-t-il dit, il en faut pour faire l'équipage,
Ce cavalier en manque. »

ISABELLE

Ah ! Lise, tu devais[2]
Lui faire offre en ce cas de tout ce que j'avais,
Perles, bagues, habits.

LISE

J'ai bien fait encor pire :
J'ai dit que c'est pour vous que ce captif soupire,
1115 Que vous l'aimiez de même et fuiriez avec nous.
Ce mot me l'a rendu si traitable et si doux
Que j'ai bien reconnu qu'un peu de jalousie
Touchant votre Clindor brouillait sa fantaisie,
Et que tous ces délais provenaient seulement

---

1. **Ç'ai-je dit** : j'ai dit cela.
2. **Devais** : tu aurais dû.

1120 D'une vaine frayeur qu'il ne fût mon amant.
Il est parti soudain après votre amour sue[1],
A trouvé tout aisé, m'en a promis l'issue,
Qu'il allait y pourvoir et que vers la minuit
Vous fussiez toute prête à déloger sans bruit.

ISABELLE

1125 Que tu me rends heureuse !

LISE

Ajoutez-y, de grâce,
Qu'accepter un mari pour qui je suis de glace,
C'est me sacrifier à vos contentements.

ISABELLE

Aussi...

LISE

Je ne veux point de vos remerciements.
Allez ployer[2] bagage, et n'épargnez en somme
1130 Ni votre cabinet ni celui du bonhomme[3].
Je vous vends ses trésors, mais à fort bon marché,
J'ai dérobé ses clefs depuis qu'il est couché,
Je vous les livre.

ISABELLE

Allons faire le coup ensemble.

LISE

Passez-vous de mon aide.

---

1. **Après votre amour sue** : après avoir appris votre amour.
2. **Ployer** : plier.
3. Référence à Géronte.

ISABELLE

Eh quoi ! le cœur te tremble ?

LISE

1135 Non, mais c'est un secret tout propre à l'éveiller,
Nous ne nous garderions jamais de babiller[1].

ISABELLE

Folle, tu ris toujours !

LISE

De peur d'une surprise,
Je dois attendre ici le chef de l'entreprise,
S'il tardait à la rue, il serait reconnu.
1140 Nous vous irons trouver dès qu'il sera venu.
C'est là sans raillerie.

ISABELLE

Adieu donc, je te laisse,
Et consens que tu sois aujourd'hui la maîtresse.

LISE

C'est du moins[2].

ISABELLE

Fais bon guet.

LISE

Vous, faites bon butin.

---

1. **Babiller** : bavarder.
2. **C'est du moins** : c'est le moins que vous pouvez faire.

Scène 3

LISE

Ainsi, Clindor, je fais moi seule ton destin,
1145 Des fers où je t'ai mis, c'est moi qui te délivre,
Et te puis, à mon choix, faire mourir ou vivre.
On me vengeait de toi par-delà mes désirs,
Je n'avais de dessein[1] que contre tes plaisirs,
Ton sort trop rigoureux m'a fait changer d'envie,
1150 Je te veux assurer tes plaisirs et ta vie,
Et mon amour éteint, te voyant en danger,
Renaît pour m'avertir que c'est trop me venger.
J'espère aussi, Clindor, que pour reconnaissance,
Tu réduiras pour moi tes vœux dans l'innocence[2],
1155 Qu'un mari me tenant en sa possession,
Sa présence vaincra ta folle passion
Ou que, si cette ardeur encore te possède
Ma maîtresse avertie y mettra bon remède.

Scène 4

MATAMORE, ISABELLE, LISE

ISABELLE

Quoi ! chez nous et de nuit !

---

1. **Dessein** : projet, intention.
2. **Tu réduiras pour moi tes vœux dans l'innocence** : tu renonceras à m'exprimer tes désirs amoureux.

MATAMORE

L'autre jour...

ISABELLE

Qu'est ceci,
1160 L'autre jour? Est-il temps que je vous trouve ici?

LISE

C'est ce grand capitaine? où s'est-il laissé prendre?

ISABELLE

En montant l'escalier je l'en ai vu descendre.

MATAMORE

L'autre jour, au défaut de mon affection,
J'assurai vos appas[1] de ma protection.

ISABELLE

1165 Après?

MATAMORE

On vint ici faire une brouillerie[2],
Vous rentrâtes, voyant cette forfanterie[3],
Et pour vous protéger je vous suivis soudain.

ISABELLE

Votre valeur prit lors un généreux dessein[4].
Depuis?

MATAMORE

Pour conserver une dame si belle,
1170 Au plus haut du logis j'ai fait la sentinelle.

_____

1. Appas : charmes.
2. Brouillerie : troubles, désordres.
3. Forfanterie : acte de violence.
4. Dessein : voir note 1 p. 84.

ISABELLE

Sans sortir ?

MATAMORE

Sans sortir.

LISE

C'est-à-dire, en deux mots,
Qu'il s'est caché de peur dans la chambre aux fagots.

MATAMORE

De peur ?

LISE

Oui, vous tremblez, la vôtre est sans égale.

MATAMORE

Parce qu'elle a bon pas, j'en fais mon Bucéphale[1].
1175 Lorsque je la domptai, je lui fis cette loi,
Et depuis, quand je marche, elle tremble sous moi.

LISE

Votre caprice est rare à choisir des montures.

MATAMORE

C'est pour aller plus vite aux grandes aventures.

ISABELLE

Vous en exploitez bien[2], mais changeons de discours :
1180 Vous avez demeuré là-dedans quatre jours ?

MATAMORE

Quatre jours.

---

1. Bucéphale : cheval fougueux que seul le futur Alexandre le Grand, héros de l'Antiquité, avait réussi à dompter.
2. Vous en exploitez bien : c'est un bel exploit (ironique, en contexte).

ISABELLE

Et vécu?

MATAMORE

De nectar, d'ambroisie[1].

LISE

Je crois que cette viande[2] aisément rassasie.

MATAMORE

Aucunement.

ISABELLE

Enfin vous étiez descendu…

MATAMORE

Pour faire qu'un amant en vos bras fût rendu,
185 Pour rompre sa prison, en fracasser les portes,
Et briser en morceaux ses chaînes les plus fortes.

LISE

Avouez franchement que, pressé de la faim,
Vous veniez bien plutôt faire la guerre au pain.

MATAMORE

L'un et l'autre, parbleu[3]! Cette ambroisie est fade,
190 J'en eus au bout d'un jour l'estomac tout malade,
C'est un mets délicat et de peu de soutien.
À moins que d'être un Dieu, l'on n'en vivrait pas bien,
Il cause mille maux, et dès l'heure qu'il entre,
Il allonge les dents et rétrécit le ventre.

---

1. Le nectar et l'ambroisie sont la nourriture et la boisson des dieux grecs de l'Antiquité.
2. Viande: nourriture et boisson.
3. Parbleu: juron (atténuation de « par Dieu »).

LISE

1195 Enfin, c'est un ragoût qui ne vous plaisait pas ?

MATAMORE

Quitte pour chaque nuit faire deux tours en bas,
Et là m'accommodant des reliefs[1] de cuisine,
Mêler la viande humaine avecque[2] la divine.

ISABELLE

Vous aviez, après tout, dessein[3] de nous voler !

MATAMORE

1200 Vous-mêmes après tout m'osez-vous quereller ?
Si je laisse une fois échapper ma colère…

ISABELLE

Lise, fais-moi sortir les valets de mon père.

MATAMORE

Un sot les attendrait.

Scène 5

ISABELLE, LISE

LISE

Vous ne le tenez[4] pas.

ISABELLE

Il nous avait bien dit que la peur a bon pas.

---

1. **Reliefs** : restes.
2. **Avecque** : avec.
3. **Dessein** : voir note 1 p. 84.
4. **Tenez** : retenez.

LISE

205 Vous n'avez cependant rien fait ou peu de chose ?

ISABELLE

Rien du tout, que veux-tu ? sa rencontre en est cause.

LISE

Mais vous n'aviez alors qu'à le laisser aller.

ISABELLE

Mais il m'a reconnue et m'est venu parler.
Moi qui seule et de nuit craignais son insolence,
210 Et beaucoup plus encor de troubler le silence,
J'ai cru, pour m'en défaire et m'ôter de souci,
Que le meilleur était de l'amener ici.
Vois, quand j'ai ton secours, que je me tiens vaillante,
Puisque j'ose affronter cette humeur violente.

LISE

215 J'en ai ri comme vous, mais non sans murmurer,
C'est bien du temps perdu.

ISABELLE

Je le vais réparer.

LISE

Voici le conducteur de notre intelligence[1].
Sachez auparavant toute sa diligence[2].

_____

1. Intelligence : complicité.
2. Diligence : empressement.

Scène 6

ISABELLE, LISE, LE GEÔLIER

ISABELLE

Eh bien, mon grand ami, braverons-nous le sort,
1220 Et viens-tu m'apporter ou la vie, ou la mort ?
Ce n'est plus qu'en toi seul que mon espoir se fonde.

LE GEÔLIER

Madame, grâce aux Dieux, tout va le mieux du monde,
Il ne faut que partir, j'ai des chevaux tout prêts,
Et vous pourrez bientôt vous moquer des arrêts[1].

ISABELLE

1225 Ah que tu me ravis ! et quel digne salaire
Pourrais-je présenter à mon dieu tutélaire[2] ?

LE GEÔLIER

Voici la récompense où mon désir prétend.

ISABELLE

Lise, il faut se résoudre à le rendre content.

LISE

Oui, mais tout son apprêt[3] nous est fort inutile,
1230 Comment ouvrirons-nous les portes de la ville ?

LE GEÔLIER

On nous tient des chevaux en main sûre aux faubourgs,
Et je sais un vieux mur qui tombe tous les jours :
Nous pourrons aisément sortir par ces ruines.

---

1. **Arrêts** : jugements.
2. **Tutélaire** : protecteur.
3. **Apprêt** : préparatifs.

ISABELLE

Ah ! que je me trouvais sur d'étranges épines !

Le Geôlier

235 Mais il faut se hâter.

ISABELLE

Nous partirons soudain.
Viens nous aider là-haut à faire notre main[1].

Scène 7

CLINDOR, *en prison*.

Aimables souvenirs de mes chères délices[2]
Qu'on va bientôt changer en d'infâmes supplices,
Que, malgré les horreurs de ce mortel effroi,
240 Vous avez de douceurs et de charmes pour moi !
Ne m'abandonnez point, soyez-moi plus fidèles
Que les rigueurs du sort ne se montrent cruelles,
Et lorsque du trépas[3] les plus noires couleurs
Viendront à mon esprit figurer mes malheurs,
245 Figurez aussitôt à mon âme interdite[4]
Combien je fus heureux par-delà mon mérite ;
Lorsque je me plaindrai de leur sévérité,
Redites-moi l'excès de ma témérité[5],

---

1. **Main** : vol.
2. Le nom *délices* est féminin au pluriel.
3. **Trépas** : mort.
4. **Interdite** : étonnée, troublée.
5. **Témérité** : audace excessive (référence à son amour pour Isabelle).

Que d'un si haut dessein[1] ma fortune incapable
1250 Rendait ma flamme injuste, et mon espoir coupable,
Que je fus criminel quand je devins amant,
Et que ma mort en est le juste châtiment.
Quel bonheur m'accompagne à la fin de ma vie !
Isabelle, je meurs pour vous avoir servie[2],
1255 Et, de quelque tranchant que je souffre les coups,
Je meurs trop glorieux, puisque je meurs pour vous.
Hélas ! que je me flatte, et que j'ai d'artifice
Pour déguiser la honte et l'horreur d'un supplice !
Il faut mourir enfin, et quitter ces beaux yeux
1260 Dont le fatal amour me rend si glorieux,
L'ombre d'un meurtrier cause encor ma ruine,
Il succomba vivant et, mort il m'assassine,
Son nom fait contre moi ce que n'a pu son bras,
Mille assassins nouveaux naissent de son trépas[3],
1265 Et je vois de son sang fécond en perfidies[4]
S'élever contre moi des âmes plus hardies,
De qui les passions s'armant d'autorité
Font un meurtre public avec impunité !
Demain, de mon courage, ils doivent faire un crime,
1270 Donner au déloyal ma tête pour victime,
Et tous pour le pays prennent tant d'intérêt,
Qu'il ne m'est pas permis de douter de l'arrêt[5].
Ainsi de tous côtés ma perte était certaine.

---

1. **Dessein** : projet.
2. **Servie** : courtisée.
3. **Trépas** : voir note 3 p. 91.
4. **Perfidies** : traîtrises.
5. **Arrêt** : jugement, décision.

J'ai repoussé la mort, je la reçois pour peine,
1275 D'un péril évité je tombe en un nouveau,
Et des mains d'un rival en celles d'un bourreau.
Je frémis au penser[1] de ma triste aventure,
Dans le sein du repos je suis à la torture,
Au milieu de la nuit et du temps du sommeil
1280 Je vois de mon trépas le honteux appareil[2],
J'en ai devant les yeux les funestes ministres[3],
On me lit du Sénat les mandements[4] sinistres ;
Je sors les fers[5] aux pieds, j'entends déjà le bruit
De l'amas insolent d'un peuple qui me suit,
1285 Je vois le lieu fatal où ma mort se prépare ;
Là, mon esprit se trouble et ma raison s'égare,
Je ne découvre rien propre à me secourir,
Et la peur de la mort me fait déjà mourir.
Isabelle, toi seule, en réveillant ma flamme[6],
1290 Dissipes ces terreurs et rassures mon âme ;
Aussitôt que je pense à tes divins attraits,
Je vois évanouir ces infâmes portraits ;
Quelques rudes assauts que le malheur me livre,
Garde mon souvenir et je croirai revivre.
1295 Mais d'où vient que de nuit on ouvre ma prison ?
Ami, que viens-tu faire ici hors de saison[7] ?

---

1. **Au penser** : à la pensée.
2. **Appareil** : préparatifs.
3. **Funestes ministres** : bourreaux.
4. **Mandements** : décisions.
5. **Fers** : chaînes des prisonniers.
6. **Flamme** : amour.
7. **Hors de saison** : au mauvais moment.

Scène 8

CLINDOR, LE GEÔLIER

LE GEÔLIER

Les juges assemblés pour punir votre audace,
Mus de compassion[1], enfin vous ont fait grâce.

CLINDOR

M'ont fait grâce, bons dieux !

LE GEÔLIER

                        Oui, vous mourrez de nuit.

CLINDOR

1300 De leur compassion est-ce là tout le fruit ?

LE GEÔLIER

Que de cette faveur vous tenez peu de compte !
D'un supplice public c'est vous sauver la honte.

CLINDOR

Quels encens[2] puis-je offrir aux maîtres de mon sort,
Dont l'arrêt[3] me fait grâce et m'envoie à la mort ?

LE GEÔLIER

1305 Il la faut recevoir avec meilleur visage.

CLINDOR

Fais ton office, ami, sans causer davantage.

LE GEÔLIER

Une troupe d'archers là dehors vous attend,
Peut-être en les voyant serez-vous plus content.

---

1. **Mus de compassion** : pris de pitié.
2. **Encens** : hommage, offrande en guise de remerciement.
3. **Arrêt** : voir note 5 p. 92.

Scène 9

CLINDOR, ISABELLE, LISE, LE GEÔLIER

ISABELLE

Lise, nous l'allons voir.

LISE

Que vous êtes ravie !

ISABELLE

1310 Ne le serais-je point de recevoir la vie ?
Son destin et le mien prennent un même cours,
Et je mourrais du coup qui trancherait ses jours.

LE GEÔLIER

Monsieur, connaissez-vous beaucoup d'archers semblables ?

CLINDOR

Ma chère âme, est-ce vous ? surprises adorables !
1315 Trompeur trop obligeant[1], tu disais bien vraiment
Que je mourrais de nuit, mais de contentement !

ISABELLE

Mon heur[2] !

LE GEÔLIER

Ne perdons point le temps à ces caresses ;
Nous aurons tout loisir de baiser[3] nos maîtresses.

CLINDOR

Quoi ! Lise est donc la sienne !

---

1. **Obligeant** : plaisant.
2. **Heur** : bonheur.
3. **Baiser** : embrasser.

ISABELLE

Écoutez le discours[1]
1320 De votre liberté qu'ont produit leurs amours.

LE GEÔLIER

En lieu de sûreté le babil[2] est de mise,
Mais ici, ne songeons qu'à nous ôter de prise[3].

ISABELLE

Sauvons-nous. Mais avant, promettez-nous tous deux
Jusqu'au jour d'un hymen[4] de modérer vos feux[5].
1325 Autrement, nous rentrons.

CLINDOR

Que cela ne vous tienne :
Je vous donne ma foi.

LE GEÔLIER

Lise, reçois la mienne.

ISABELLE

Sur un gage[6] si bon, j'ose tout hasarder[7].

LE GEÔLIER

Nous nous amusons trop[8], hâtons-nous d'évader[9].

---

1. Discours : récit.
2. Babil : bavardage.
3. Nous ôter de prise : nous tirer d'affaire, nous éloigner pour nous mettre en lieu sûr.
4. Hymen : mariage.
5. Feux : sentiments amoureux.
6. Gage : garantie.
7. Hasarder : risquer.
8. Nous nous amusons trop : nous perdons trop de temps.
9. Évader : fuir.

Scène 10

ALCANDRE, PRIDAMANT

ALCANDRE

Ne craignez plus pour eux ni périls ni disgrâces,
1330 Beaucoup les poursuivront mais sans trouver leurs traces.

PRIDAMANT

À la fin je respire.

ALCANDRE

Après un tel bonheur,
Deux ans les ont montés en haut degré d'honneur.
Je ne vous dirai point le cours de leurs voyages,
S'ils ont trouvé le calme ou vaincu les orages,
1335 Ni par quel art non plus ils se sont élevés,
Il suffit d'avoir vu comme ils se sont sauvés,
Et que, sans vous en faire une histoire importune[1],
Je vous les vais montrer en leur haute fortune.
Mais puisqu'il faut passer à des effets plus beaux,
1340 Rentrons pour évoquer des fantômes nouveaux,
Ceux que vous avez vus représenter de suite
À vos yeux étonnés leurs amours et leur fuite
N'étant pas destinés aux hautes fonctions,
N'ont point assez d'éclat pour leurs conditions[2].

---

1. **Importune** : fâcheuse, ennuyeuse.
2. **Conditions** : conditions sociales.

Acte V

Scène première

ALCANDRE, PRIDAMANT

PRIDAMANT

1345 Qu'Isabelle est changée et qu'elle est éclatante !

ALCANDRE

Lise marche après elle et lui sert de suivante.
Mais derechef[1] surtout n'ayez aucun effroi,
Et de ce lieu fatal ne sortez qu'après moi,
Je vous le dis encor, il y va de la vie.

PRIDAMANT

1350 Cette condition m'en ôtera l'envie.

Scène 2

ISABELLE, LISE

LISE

Ce divertissement n'aura-t-il point de fin,
Et voulez-vous passer la nuit dans ce jardin ?

---

1. **Derechef** : encore une fois.

ISABELLE

Je ne puis plus cacher le sujet qui m'amène,
C'est grossir mes douleurs que de taire ma peine :
1355   Le prince Florilame…

LISE

Eh bien, il est absent.

ISABELLE

C'est la source des maux que mon âme ressent.
Nous sommes ses voisins, et l'amour qu'il nous porte
Dedans son grand jardin nous permet cette porte.
La princesse Rosine et mon perfide[1] époux,
1360   Durant qu'il est absent, en font leur rendez-vous.
Je l'attends au passage, et lui ferai connaître
Que je ne suis pas femme à rien souffrir[2] d'un traître.

LISE

Madame, croyez-moi, loin de le quereller,
Vous feriez beaucoup mieux de tout dissimuler.
1365   Ce n'est pas bien à nous d'avoir des jalousies,
Un homme en court plutôt après ses fantaisies ;
Il est toujours le maître et tout votre discours
Par un contraire effet l'obstine en ses amours.

ISABELLE

Je dissimulerai son adultère flamme[3] !
1370   Un autre aura son cœur, et moi le nom de femme !

---

1. **Perfide** : traître.
2. **Souffrir** : supporter.
3. **Flamme** : amour.

Sans crime d'un hymen[1] peut-il rompre la loi ?
Et ne rougit-il point d'avoir si peu de foi ?

LISE

Cela fut bon jadis, mais au temps où nous sommes,
Ni l'hymen ni la foi n'obligent[2] plus les hommes.
1375 Madame, leur honneur a des règles à part,
Où le vôtre se perd, le leur est sans hasard[3],
Et la même action, entre eux et nous commune,
Est pour nous déshonneur, pour eux bonne fortune.
La chasteté n'est plus la vertu d'un mari,
1380 La princesse du vôtre a fait son favori,
Sa réputation croîtra par ses caresses,
L'honneur d'un galant homme est d'avoir des maîtresses.

ISABELLE

Ôte-moi cet honneur et cette vanité
De se mettre en crédit[4] par l'infidélité
1385 Si, pour haïr le change[5] et vivre sans amie,
Un homme comme lui tombe dans l'infamie[6],
Je le tiens glorieux d'être infâme à ce prix ;
S'il en est méprisé, j'estime ce mépris :
Le blâme qu'on reçoit d'aimer trop une femme
1390 Aux maris vertueux est un illustre blâme.

LISE

Madame, il vient d'entrer, la porte a fait du bruit.

---

1. **Hymen** : mariage.
2. **Obligent** : lient par un devoir, contraignent.
3. **Hasard** : risque.
4. **Se mettre en crédit** : se faire bien voir.
5. **Change** : changement.
6. **Infamie** : déshonneur.

ISABELLE

Retirons-nous, qu'il passe.

LISE

Il vous voit, et vous suit.

Scène 3

CLINDOR, ISABELLE, LISE

CLINDOR

Vous fuyez, ma princesse, et cherchez des remises[1],
Sont-ce là les faveurs que vous m'aviez promises ?
1395 Où sont tant de baisers dont votre affection
Devait être prodigue[2] à ma réception ?
Voici l'heure et le lieu, l'occasion est belle,
Je suis seul, vous n'avez que cette demoiselle
Dont la dextérité[3] ménagea nos amours ;
1400 Le temps est précieux, et vous fuyez toujours.
Vous voulez, je m'assure, avec ces artifices,
Que les difficultés augmentent nos délices.
À la fin, je vous tiens. Quoi ! vous me repoussez !
Que craignez-vous encor ? Mauvaise, c'est assez :
1405 Florilame est absent, ma jalouse endormie.

ISABELLE

En êtes-vous bien sûr ?

---

1. **Remises** : délais.
2. **Prodigue** : peu économe.
3. **Dextérité** : habileté.

CLINDOR

Ah ! fortune ennemie !

ISABELLE

Je veille, déloyal, ne crois plus m'aveugler ;
Au milieu de la nuit, je ne vois que trop clair :
Je vois tous mes soupçons passer en certitudes
1410   Et ne puis plus douter de tes ingratitudes.
Toi-même par ta bouche as trahi ton secret.
Ô l'esprit avisé pour un amant discret !
Et que c'est en amour une haute prudence[1],
D'en faire avec sa femme entière confidence !
1415   Où sont tant de serments de n'aimer rien que moi ?
Qu'as-tu fait de ton cœur ? Qu'as-tu fait de ta foi[2] ?
Lorsque je la reçus, ingrat, qu'il te souvienne
De combien différaient ta fortune et la mienne,
De combien de rivaux je dédaignai[3] les vœux,
1420   Ce qu'un simple soldat pouvait être auprès d'eux,
Quelle tendre amitié je recevais d'un père :
Je l'ai quitté pourtant pour suivre ta misère,
Et je tendis les bras à mon enlèvement,
Ne pouvant être à toi de son consentement.
1425   En quelle extrémité depuis ne m'ont réduite
Les hasards[4] dont le sort a traversé ta fuite,
Et que n'ai-je souffert avant que le bonheur
Élevât ta bassesse à ce haut rang d'honneur !
Si pour te voir heureux ta foi s'est relâchée,

---

1. **Prudence** : sagesse.
2. **Foi** : parole, promesse.
3. **Dédaignai** : méprisai.
4. **Hasards** : péripéties dangereuses.

1430 Rends-moi dedans le sein[1] dont tu m'as arrachée,
      Je t'aime, et mon amour m'a fait tout hasarder[2],
      Non pas pour tes grandeurs, mais pour te posséder.

CLINDOR

      Ne me reproche plus ta fuite, ni ta flamme[3] ;
      Que ne fait point l'amour quand il possède une âme ?
1435 Son pouvoir à ma vue attachait tes plaisirs,
      Et tu me suivais moins que tes propres désirs.
      J'étais lors peu de chose, oui, mais qu'il te souvienne
      Que ta fuite égala ta fortune à la mienne
      Et que pour t'enlever c'était un faible appas[4]
1440 Que l'éclat de tes biens qui ne te suivaient pas !
      Je n'eus, de mon côté, que l'épée en partage,
      Et ta flamme, du tien, fut mon seul avantage :
      Celle-là m'a fait grand en ces bords étrangers,
      L'autre exposa ma tête en cent et cent dangers.
1445 Regrette maintenant ton père et ses richesses.
      Fâche-toi de marcher à côté des princesses,
      Retourne en ton pays avecque[5] tous tes biens
      Chercher un rang pareil à celui que tu tiens.
      Qui te manque, après tout ? de quoi peux-tu te plaindre ?
1450 En quelle occasion m'as-tu vu te contraindre ?
      As-tu reçu de moi ni froideurs, ni mépris ?
      Les femmes, à vrai dire, ont d'étranges esprits ;

---

1. Rends-moi dedans le sein : renvoie-moi auprès de mon père.
2. Hasarder : risquer.
3. Flamme : voir note 3 p. 99.
4. Appas : ce qui attire, attrait.
5. Avecque : avec.

Qu'un mari les adore, et qu'une amour[1] extrême
À leur bizarre humeur le soumette lui-même,
1455 Qu'il les comble d'honneurs et de bons traitements,
Qu'il ne refuse rien à leurs contentements,
Fait-il la moindre brèche à la foi conjugale,
Il n'est point à leur gré de crime qui l'égale,
C'est vol, c'est perfidie[2], assassinat, poison,
1460 C'est massacrer son père et brûler sa maison,
Et jadis des Titans[3] l'effroyable supplice
Tomba sur Encelade[4] avec moins de justice.

ISABELLE

Je te l'ai déjà dit, que toute ta grandeur
Ne fut jamais l'objet de ma sincère ardeur,
1465 Je ne suivais que toi quand je quittai mon père.
Mais puisque ces grandeurs t'ont fait l'âme légère,
Laisse mon intérêt, songe à qui tu les dois.
Florilame lui seul t'a mis où tu te vois ;
À peine il te connut qu'il te tira de peine,
1470 De soldat vagabond il te fit capitaine,
Et le rare bonheur qui suivit cet emploi
Joignit à ses faveurs les faveurs de son roi.
Quelle forte amitié n'a-t-il point fait paraître
À cultiver depuis ce qu'il avait fait naître !
1475 Par ses soins redoublés n'es-tu pas aujourd'hui
Un peu moindre de rang, mais plus puissant que lui ?

---

1. Le nom *amour* est parfois féminin à l'âge classique.
2. **Perfidie** : traîtrise.
3. **Titans** : dieux géants.
4. **Encelade** : géant enseveli sous l'Etna, en Sicile.

Il eût gagné par là l'esprit le plus farouche,
Et pour remerciement tu vas souiller sa couche !
Dans ta brutalité trouve quelque raison,
1480 Et contre ses faveurs défends ta trahison.
Il t'a comblé de biens[1], tu lui voles son âme ;
Il t'a fait grand seigneur, et tu le rends infâme[2].
Ingrat, c'est donc ainsi que tu rends les bienfaits !
Et ta reconnaissance a produit ces effets !

CLINDOR

1485 Mon âme (car encor ce beau nom te demeure,
Et te demeurera jusqu'à tant que je meure),
Crois-tu qu'aucun respect ou crainte du trépas[3]
Puisse obtenir sur moi ce que tu n'obtiens pas ?
Dis que je suis ingrat, appelle-moi parjure[4],
1490 Mais à nos feux[5] sacrés ne fais plus tant d'injure,
Ils conservent encor leur première vigueur.
Je t'aime, et si l'amour qui m'a surpris le cœur
Avait pu s'étouffer au point de sa naissance,
Celui que je te porte eût eu cette puissance.
1495 Mais en vain contre lui l'on tâche à résister,
Toi-même as éprouvé qu'on ne le peut dompter.
Ce dieu qui te força d'abandonner ton père,
Ton pays et tes biens, pour suivre ma misère,
Ce Dieu même à présent malgré moi m'a réduit

---

1. Biens : richesses.
2. Tu le rends infâme : tu le déshonores.
3. Trépas : mort.
4. Parjure : traître.
5. Feux : amours.

1500 À te faire un larcin[1] des plaisirs d'une nuit.

À mes sens déréglés souffre cette licence[2].

Une pareille amour[3] meurt dans la jouissance ;

Celle dont la vertu n'est point le fondement

Se détruit de soi-même et passe en un moment,

1505 Mais celle qui nous joint est une amour solide,

Où l'honneur a son lustre[4], où la vertu préside,

Dont les fermes liens durent jusqu'au trépas[5],

Et dont la jouissance a de nouveaux appas[6].

Mon âme, derechef[7] pardonne à la surprise

1510 Que ce tyran des cœurs a faite à ma franchise ;

Souffre une folle ardeur qui ne vivra qu'un jour,

Et n'affaiblit en rien un conjugal amour.

ISABELLE

Hélas ! que j'aide bien à m'abuser[8] moi-même !

Je vois qu'on me trahit, et je crois que l'on m'aime,

1515 Je me laisse charmer à ce discours flatteur,

Et j'excuse un forfait dont j'adore l'auteur.

Pardonne, cher époux, au peu de retenue

Où d'un premier transport[9] la chaleur est venue,

C'est en ces accidents[10] manquer d'affection

---

1. **Faire un larcin** : voler.
2. **Licence** : liberté immorale.
3. Voir note 1 p. 104.
4. **Lustre** : brillant, éclat.
5. **Trépas** : voir note 3 p. 105.
6. **Appas** : charmes.
7. **Derechef** : encore une fois.
8. **M'abuser** : me tromper.
9. **Transport** : mouvement inspiré par l'émotion.
10. **Accidents** : circonstances.

1520 Que de les voir sans trouble et sans émotion.
Puisque mon teint se fane et ma beauté se passe,
Il est bien juste aussi que ton amour se lasse,
Et même je croirai que ce feu[1] passager
En l'amour conjugal ne pourra rien changer.
1525 Songe un peu toutefois à qui ce feu s'adresse,
En quel péril te jette une telle maîtresse.
Dissimule, déguise et sois amant discret,
Les grands en leur amour n'ont jamais de secret.
Ce grand train[2] qu'à leurs pas leur grandeur propre attache
1530 N'est qu'un grand corps tout d'yeux à qui rien ne se cache
Et dont il n'est pas un qui ne fît son effort
À se mettre en faveur par un mauvais rapport.
Tôt ou tard Florilame apprendra tes pratiques
Ou de sa défiance ou de ses domestiques,
1535 Et lors (à ce penser[3] je frissonne d'horreur)
À quelle extrémité n'ira point sa fureur !
Puisque à ses passe-temps ton humeur te convie,
Cours après tes plaisirs, mais assure ta vie ;
Sans aucun sentiment je te verrai changer,
1540 Pourvu qu'à tout le moins tu changes sans danger.

CLINDOR

Encore une fois donc tu veux que je te die[4]
Qu'auprès de mon amour je méprise ma vie ?
Mon âme est trop atteinte, et mon cœur trop blessé
Pour craindre les périls dont je suis menacé,

---

1. **Feu** : amour.
2. **Ce grand train** : le grand nombre des courtisans.
3. **Ce penser** : cette idée.
4. **Die** : dise.

1545 Ma passion m'aveugle et pour cette conquête
Croit hasarder[1] trop peu de hasarder ma tête,
C'est un feu[2] que le temps pourra seul modérer,
C'est un torrent qui passe, et ne saurait durer.

ISABELLE

Eh bien, cours au trépas[3], puisqu'il a tant de charmes
1550 Et néglige ta vie aussi bien que mes larmes.
Penses-tu que ce prince après un tel forfait
Par ta punition se tienne satisfait ?
Qui sera mon appui lorsque ta mort infâme[4]
À sa juste vengeance exposera ta femme,
1555 Et que sur la moitié[5] d'un perfide[6] étranger,
Une seconde fois il croira se venger ?
Non, je n'attendrai pas que ta perte certaine
Attire encor sur moi les restes de ta peine,
Et que, de mon honneur gardé si chèrement,
1560 Il fasse un sacrifice à son ressentiment.
Je préviendrai la honte où ton malheur me livre,
Et saurai bien mourir si tu ne veux pas vivre.
Ce corps, dont mon amour t'a fait le possesseur,
Ne craindra plus bientôt l'effort d'un ravisseur ;
1565 J'ai vécu pour t'aimer, mais non pour l'infamie[7]
De servir au mari de ton illustre amie.

---

1. **Hasarder** : risquer.
2. **Feu** : voir note 1 p. 107.
3. **Trépas** : voir note 3 p. 105.
4. **Infâme** : ignoble, déshonorante.
5. **Moitié** : épouse.
6. **Perfide** : traître.
7. **Infamie** : déshonneur.

Adieu, je vais du moins, en mourant devant toi,
Diminuer ton crime et dégager ta foi[1].

CLINDOR

Ne meurs pas, chère épouse, et dans un second change[2]
570 Vois l'effet merveilleux où ta vertu me range.
M'aimer malgré mon crime, et vouloir par ta mort
Éviter le hasard[3] de quelque indigne effort !
Je ne sais qui je dois admirer davantage
Ou de ce grand amour, ou de ce grand courage :
575 Tous les deux m'ont vaincu, je reviens sous tes lois,
Et ma brutale ardeur va rendre les abois[4].
C'en est fait, elle expire, et mon âme plus saine
Vient de rompre les nœuds de sa honteuse chaîne.
Mon cœur, quand il fut pris, s'était mal défendu.
580 Perds-en le souvenir.

ISABELLE

Je l'ai déjà perdu.

CLINDOR

Que les plus beaux objets[5] qui soient dessus la terre
Conspirent désormais à lui faire la guerre,
Ce cœur inexpugnable[6] aux assauts de leurs yeux
N'aura plus que les tiens pour maîtres et pour dieux !
585 Que leurs attraits unis...

---

1. Dégager ta foi : te libérer de ton engagement.
2. Change : changement.
3. Hasard : risque.
4. Rendre les abois : s'éteindre.
5. Objets : objets d'amour, femmes.
6. Inexpugnable : que l'on ne peut vaincre.

LISE
La princesse s'avance,

Madame.

CLINDOR
Cachez-vous, et nous faites silence.
Écoute-nous, mon âme, et par notre entretien[1]
Juge si son objet m'est plus cher que le tien.

Scène 4

CLINDOR, ROSINE

ROSINE
Débarrassée enfin d'une importune suite[2],
1590 Je remets à l'amour le soin de ma conduite,
Et pour trouver l'auteur de ma félicité[3]
Je prends un guide aveugle[4] en cette obscurité.
Mais que son épaisseur me dérobe la vue!
Le moyen de le voir, ou d'en être aperçue!
1595 Voici la grande allée, il devrait être ici,
Et j'entrevois quelqu'un. Est-ce toi, mon souci?

CLINDOR
Madame, ôtez ce mot dont la feinte se joue[5],

---

1. Entretien: discussion.
2. Suite: courtisans.
3. Félicité: bonheur intense.
4. Guide aveugle: référence à l'amour, dont le dieu, Cupidon, est souvent représenté sous les traits d'un enfant aveugle.
5. Dont la feinte se joue: que vous utilisez avec légèreté et sans être sincère.

Et que votre vertu dans l'âme désavoue,
C'est assez déguisé, ne dissimulez plus
600 L'horreur que vous avez de mes feux dissolus[1].
Vous avez voulu voir jusqu'à quelle insolence
D'une amour déréglée[2] irait la violence,
Vous l'avez vu, Madame, et c'est pour la punir
Que vos ressentiments vous font ici venir ;
605 Faites sortir vos gens destinés à ma perte,
N'épargnez point ma tête, elle vous est offerte,
Je veux bien par ma mort apaiser vos beaux yeux,
Et ce n'est pas l'espoir qui m'amène en ces lieux.

ROSINE

Donc, au lieu d'un amour rempli d'impatience,
610 Je ne rencontre en toi que de la défiance ?
As-tu l'esprit troublé de quelque illusion ?
Est-ce ainsi qu'un guerrier tremble à l'occasion ?
Je suis seule, et toi seul, d'où te vient cet ombrage[3] ?
Te faut-il de ma flamme[4] un plus grand témoignage ?
615 Crois que je suis sans feinte à toi jusqu'à la mort.

CLINDOR

Je me garderai bien de vous faire ce tort,
Une grande princesse a la vertu plus chère.

ROSINE

Si tu m'aimes, mon cœur, quitte cette chimère[5].

---

1. **Feux dissolus** : amours illégitimes.
2. Le mot *amour* est parfois féminin à l'âge classique.
3. **Ombrage** : soupçon, méfiance.
4. **Flamme** : amour.
5. **Chimère** : illusion.

Clindor

Ce n'en est point, Madame, et je crois voir en vous
1620 Plus de fidélité pour un si digne époux.

Rosine

Je la quitte pour toi. Mais dieux! que je m'abuse[1]
De ne voir pas encor qu'un ingrat me refuse!
Son cœur n'est plus que glace, et mon aveugle ardeur
Impute à défiance un excès de froideur.
1625 Va, traître, va, parjure[2], après m'avoir séduite,
Ce sont là des discours d'une mauvaise suite!
Alors que je me rends de quoi me parles-tu,
Et qui t'amène ici me prêcher la vertu?

Clindor

Mon respect, mon devoir et ma reconnaissance
1630 Dessus mes passions ont eu cette puissance.
Je vous aime, Madame, et mon fidèle amour
Depuis qu'on l'a vu naître a crû de jour en jour;
Mais que ne dois-je point au prince Florilame!
C'est lui dont le respect triomphe de ma flamme,
1635 Après que sa faveur m'a fait ce que je suis...

Rosine

Tu t'en veux souvenir pour me combler d'ennuis.
Quoi! son respect peut plus que l'ardeur qui te brûle?
L'incomparable ami, mais l'amant ridicule,
D'adorer une femme, et s'en voir si chéri,
1640 Et craindre au rendez-vous d'offenser un mari!

---

1. **M'abuse**: me trompe.
2. **Parjure**: traître.

Traître, il n'en est plus temps ! Quand tu me fis paraître
Cette excessive amour[1] qui commençait à naître,
Et que le doux appas[2] d'un discours suborneur[3]
Avec un faux mérite attaqua mon honneur,
645   C'est lors qu'il te fallait à ta flamme[4] infidèle
Opposer le respect d'une amitié si belle,
Et tu ne devais pas attendre à l'écouter
Quand mon esprit charmé ne le pourrait goûter.
Tes raisons vers tous deux sont de faibles défenses,
650   Tu l'offensas alors, aujourd'hui tu m'offenses,
Tu m'aimais plus que lui, tu l'aimes plus que moi.
Crois-tu donc à mon cœur donner ainsi la loi,
Que ma flamme à ton gré s'éteigne ou s'entretienne,
Et que ma passion suive toujours la tienne ?
655   Non, non, usant si mal de ce qui t'est permis,
Loin d'en éviter un, tu fais deux ennemis.
Je sais trop les moyens d'une vengeance aisée,
Phèdre contre Hippolyte aveugla bien Thésée[5],
Et ma plainte armera plus de sévérité
660   Avec moins d'injustice et plus de vérité.

CLINDOR

Je sais bien que j'ai tort, et qu'après mon audace,
Je vous fais un discours de fort mauvaise grâce,

---

1. Voir note 2 p. 111.
2. **Appas** : charme.
3. **Suborneur** : séducteur et trompeur.
4. **Flamme** : voir note 4 p. 111.
5. Phèdre est amoureuse d'Hippolyte, dont elle est la belle-mère, et qui ne partage pas ses sentiments. Pour se venger, elle laisse entendre à Thésée, son époux, que c'est Hippolyte qui aurait voulu la séduire. Thésée décide donc de châtier son fils, qui en meurt.

Qu'il sied[1] mal à ma bouche, et que ce grand respect
Agit un peu bien tard pour n'être point suspect.
1665 Mais pour souffrir plutôt la raison dans mon âme
Vous aviez trop d'appas[2] et mon cœur trop de flamme.
Elle n'a triomphé qu'après un long combat.

ROSINE

Tu crois donc triompher lorsque ton cœur s'abat[3] ?
Si tu nommes victoire un manque de courage,
1670 Appelle encor service un si cruel outrage,
Et puisque me trahir c'est suivre la raison,
Dis-moi que tu me sers par cette trahison.

CLINDOR

Madame, est-ce vous rendre un si mauvais service
De sauver votre honneur d'un mortel précipice ?
1675 Cet honneur qu'une dame a plus cher que les yeux.

ROSINE

Cesse de m'étourdir de ces noms odieux !
N'as-tu jamais appris que ces vaines chimères[4]
Qui naissent aux cerveaux des maris et des mères,
Ces vieux contes d'honneur n'ont point d'impressions
1680 Qui puissent arrêter les fortes passions ?
Perfide[5], est-ce de moi que tu le dois apprendre ?
Dieux ! jusques où l'amour ne me fait point descendre !

---

1. **Sied** : convient.
2. **Appas** : charmes.
3. **Ton cœur s'abat** : ton courage faiblit.
4. **Chimères** : illusions.
5. **Perfide** : traître.

Je lui tiens des discours qu'il me devrait tenir,
Et toute mon ardeur ne peut rien obtenir.

CLINDOR

1685 Par l'effort que je fais à mon amour extrême,
Madame, il faut apprendre à vous vaincre vous-même,
À faire violence à vos plus chers désirs,
Et préférer l'honneur à d'injustes plaisirs,
Dont au moindre soupçon, au moindre vent contraire,
1690 La honte et les malheurs sont la suite ordinaire.

ROSINE

De tous ces accidents rien ne peut m'alarmer,
Je consens de périr à force de t'aimer.
Bien que notre commerce[1] aux yeux de tous se cache,
Qu'il vienne en évidence et qu'un mari le sache,
1695 Que je demeure en butte à ses ressentiments,
Que sa fureur me livre à de nouveaux tourments,
J'en souffrirai plutôt l'infamie[2] éternelle
Que de me repentir d'une flamme[3] si belle.

---

1. **Commerce** : relation.
2. **Infamie** : déshonneur.
3. **Flamme** : amour.

Scène 5

CLINDOR, ROSINE, ISABELLE, LISE, ÉRASTE,
[PRIDAMANT], TROUPE DE DOMESTIQUES.

ÉRASTE

Donnons[1], ils sont ensemble.

ISABELLE

Ô Dieux! qu'ai-je entendu?

LISE

1700 Madame, sauvons-nous.

PRIDAMANT

Hélas! il est perdu!

CLINDOR

Madame, je suis mort, et votre amour fatale[2]
Par un indigne coup aux Enfers me dévale[3].

ROSINE

Je meurs, mais je me trouve heureuse en mon trépas[4]
Que du moins en mourant je vais suivre tes pas.

ÉRASTE

1705 Florilame est absent, mais durant son absence,
C'est là comme les siens punissent qui l'offense[5];
C'est lui qui par nos mains vous envoie à tous deux
Le juste châtiment de vos lubriques feux[6].

---

1. **Donnons**: attaquons.
2. Le nom *amour* est parfois féminin à l'âge classique.
3. **Me dévale**: me précipite.
4. **Trépas**: mort.
5. **C'est là comme les siens punissent qui l'offense**: c'est la manière dont les siens punissent celui qui l'offense.
6. **Lubriques feux**: sentiments amoureux immoraux, condamnables.

ISABELLE

Réponds-moi, cher époux, au moins une parole.

1710 C'en est fait, il expire, et son âme s'envole.

Bourreaux, vous ne l'avez massacré qu'à demi,

Il vit encore en moi, soûlez son ennemi[1],

Achevez, assassins, de m'arracher la vie,

Sa haine sans ma mort n'est pas bien assouvie.

ÉRASTE

1715 Madame, c'est donc vous !

ISABELLE

Oui, qui cours au trépas[2].

ÉRASTE

Votre heureuse rencontre épargne bien nos pas.

Après avoir défait le prince Florilame

D'un ami déloyal et d'une ingrate femme,

Nous avions ordre exprès de vous aller chercher.

ISABELLE

1720 Que voulez-vous de moi, traîtres ?

ÉRASTE

Il faut marcher.

Le prince, dès[3] longtemps amoureux de vos charmes,

Dans un de ses châteaux veut essuyer vos larmes.

ISABELLE

Sacrifiez plutôt ma vie à son courroux[4].

---

1. Soûlez son ennemi : satisfaites son ennemi jusqu'au bout [en me tuant].

2. Trépas : voir note 4 p. 116.

3. Dès : depuis.

4. Courroux : colère.

ÉRASTE

C'est perdre temps, Madame, il veut parler à vous.

Scène 6

ALCANDRE, PRIDAMANT

ALCANDRE

1725 Ainsi de notre espoir la fortune[1] se joue,
Tout s'élève ou s'abaisse au branle[2] de sa roue,
Et son ordre inégal qui régit l'univers
Au milieu du bonheur a ses plus grands revers.

PRIDAMANT

Cette réflexion malpropre[3] pour un père
1730 Consolerait peut-être une douleur légère,
Mais, après avoir vu mon fils assassiné,
Mes plaisirs foudroyés, mon espoir ruiné,
J'aurais d'un si grand coup l'âme bien peu blessée,
Si de pareils discours m'entraient dans la pensée.
1735 Hélas! dans sa misère il ne pouvait périr,
Et son bonheur fatal lui seul l'a fait mourir.
N'attendez pas de moi des plaintes davantage,
La douleur qui se plaint cherche qu'on la soulage,
La mienne court après son déplorable sort.
1740 Adieu, je vais mourir, puisque mon fils est mort.

---

1. **Fortune**: déesse qui préside au sort des hommes.
2. **Branle**: mouvement.
3. **Malpropre**: inappropriée.

ALCANDRE

D'un juste désespoir l'effort est légitime,
Et de le détourner je croirais faire un crime.
Oui, suivez ce cher fils sans attendre à demain,
Mais épargnez du moins ce coup à votre main,
1745 Laissez faire aux douleurs qui rongent vos entrailles,
Et, pour les redoubler voyez ses funérailles.

*On tire un rideau et on voit tous les comédiens
qui partagent leur argent.*

PRIDAMANT

Que vois-je ! chez les morts compte-t-on de l'argent ?

ALCANDRE

Voyez si pas un d'eux s'y montre négligent !

PRIDAMANT

Je vois Clindor, Rosine. Ah ! Dieu ! quelle surprise !
1750 Je vois leur assassin, je vois sa femme et Lise !
Quel charme en un moment étouffe leurs discords[1]
Pour assembler ainsi les vivants et les morts ?

ALCANDRE

Ainsi, tous les acteurs d'une troupe comique,
Leur poème récité, partagent leur pratique[2],
1755 L'un tue et l'autre meurt, l'autre vous fait pitié,
Mais la scène préside à leur inimitié[3],
Leurs vers font leur combat, leur mort suit leurs paroles,
Et sans prendre intérêt en pas un de leurs rôles,

---

1. **Discords** : désaccords.
2. **Pratique** : recette.
3. **Inimitié** : haine.

Le traître et le trahi, le mort et le vivant
1760 Se trouvent à la fin amis comme devant[1].
Votre fils et son train[2] ont bien su par leur fuite
D'un père et d'un prévôt[3] éviter la poursuite ;
Mais tombant dans les mains de la nécessité,
Ils ont pris le théâtre en cette extrémité.

PRIDAMANT

1765 Mon fils comédien !

ALCANDRE

D'un art si difficile
Tous les quatre au besoin en ont fait leur asile,
Et depuis sa prison ce que vous avez vu,
Son adultère amour, son trépas[4] imprévu,
N'est que la triste fin d'une pièce tragique
1770 Qu'il expose aujourd'hui sur la scène publique,
Par où ses compagnons et lui, dans leur métier,
Ravissent dans Paris un peuple tout entier.
Le gain leur en demeure, et ce grand équipage[5]
Dont je vous ai fait voir le superbe étalage,
1775 Est bien à votre fils, mais non pour s'en parer
Qu'alors que[6] sur la scène il se fait admirer.

PRIDAMANT

J'ai pris sa mort pour vraie, et ce n'était que feinte,
Mais je trouve partout mêmes sujets de plainte :

---

1. Devant : avant.
2. Train : compagnons.
3. Prévôt : juge.
4. Trépas : mort.
5. Équipage : costume.
6. Non pour s'en parer/ Qu'alors que… : pour ne s'en parer que lorsque…

Est-ce là cette gloire et ce haut rang d'honneur
780 Où le devait monter l'excès de son bonheur ?

ALCANDRE

Cessez de vous en plaindre, à présent le théâtre
Est en un point si haut qu'un chacun l'idolâtre[1],
Et ce que votre temps voyait avec mépris
Est aujourd'hui l'amour de tous les bons esprits,
785 L'entretien[2] de Paris, le souhait des provinces,
Le divertissement le plus doux de nos princes,
Les délices du peuple, et le plaisir des grands ;
Parmi leurs passe-temps il tient les premiers rangs,
Et ceux dont nous voyons la sagesse profonde
790 Par ses illustres soins conserver tout le monde
Trouvent dans les douceurs d'un spectacle si beau
De quoi se délasser d'un si pesant fardeau.
Même notre grand roi[3], ce foudre de la guerre[4]
Dont le nom se fait craindre aux deux bouts de la terre,
795 Le front ceint de lauriers[5] daigne bien quelquefois
Prêter l'œil et l'oreille au Théâtre françois[6].
C'est là que le Parnasse[7] étale ses merveilles ;
Les plus rares esprits lui consacrent leurs veilles,
Et tous ceux qu'Apollon[8] voit d'un meilleur regard

---

1. **L'idolâtre** : s'enthousiasme pour lui.
2. **Entretien** : sujet de conversation.
3. **Grand roi** : allusion à Louis XIII (1601-1643).
4. **Foudre de la guerre** : guerrier redoutable.
5. **Ceint de lauriers** : couronné de lauriers, symboles de gloire et de victoire.
6. **François** : français.
7. **Parnasse** : montagne grecque où résident les Muses ; symbole de la poésie.
8. **Apollon** : dieu grec de la poésie, protecteur des Muses.

1800 De leurs doctes travaux lui donnent quelque part.
S'il faut par la richesse estimer les personnes,
Le théâtre est un fief dont les rentes sont bonnes[1],
Et votre fils rencontre en un métier si doux
Plus de biens[2] et d'honneur qu'il n'eût trouvé chez vous.
1805 Défaites-vous enfin de cette erreur commune
Et ne vous plaignez plus de sa bonne fortune.

PRIDAMANT

Je n'ose plus m'en plaindre, on voit trop de combien
Le métier qu'il a pris est meilleur que le mien.
Il est vrai que d'abord mon âme s'est émue,
1810 J'ai cru la comédie au point où je l'ai vue,
J'en ignorais l'éclat, l'utilité, l'appas[3],
Et la blâmais ainsi ne la connaissant pas,
Mais depuis vos discours mon cœur plein d'allégresse
A banni cette erreur avecque[4] la tristesse,
1815 Clindor a trop bien fait.

ALCANDRE
                    N'en croyez que vos yeux.

PRIDAMANT

Demain pour ce sujet j'abandonne ces lieux,
Je vole vers Paris. Cependant, grand Alcandre,
Quelles grâces ici ne vous dois-je point rendre !

---

1. **Un fief dont les rentes sont bonnes** : une terre qui rapporte de bons revenus.
2. **Biens** : richesses.
3. **Appas** : charme.
4. **Avecque** : avec.

ALCANDRE

Servir les gens d'honneur est mon plus grand désir,
820 J'ai pris ma récompense en vous faisant plaisir.
Adieu, je suis content, puisque je vous vois l'être.

PRIDAMANT

Un si rare bienfait ne se peut reconnaître[1],
Mais, grand Mage, du moins croyez qu'à l'avenir
Mon âme en gardera l'éternel souvenir.

---

1. Un si rare bienfait ne se peut reconnaître: je ne pourrai jamais vous témoigner suffisamment de reconnaissance pour ce que vous avez fait pour moi.

ANTHOLOGIE

SUR LE THÉÂTRE DANS LE THÉÂTRE

La mise en scène de l'illusion

Le théâtre dans le théâtre est un procédé qui permet de présenter une pièce de théâtre à l'intérieur d'une première pièce, ce qui crée une action dramatique à deux niveaux. Les personnages deviennent alors soit des acteurs de la seconde pièce, soit des spectateurs. La mise en abyme est un cas particulier de théâtre dans le théâtre. Elle suppose un effet de miroir, une analogie entre la première pièce et la seconde. La pièce représentée sur scène par les personnages, devenus comédiens, permet de mieux comprendre l'histoire des personnages eux-mêmes. C'est paradoxalement à travers l'illusion dramatique, désignée comme telle, que se révèle le vrai. Le théâtre dans le théâtre conduit également le spectateur à réfléchir sur les rapports complexes entre la représentation, la mise en scène et le réel. L'artifice théâtral devient la voie indirecte d'une plus juste compréhension du monde.

Le procédé du théâtre dans le théâtre est caractéristique de l'âge baroque : il correspond à une vision du monde marquée par le mouvement, les incertitudes, les interrogations sur le réel et l'illusion, l'être et le paraître. Quelle place ce procédé occupe-t-il dans la dramaturgie classique, davantage soucieuse d'harmonie et d'équilibre ? Ne trouve-t-il pas un espace privilégié d'expression dans le théâtre contemporain, qui s'attache à mettre en scène la théâtralité et les principes de la représentation dramatique ?

■ L'âge baroque ou le spectacle de l'instabilité du monde

Le théâtre baroque, qui s'étend de la fin du XVIᵉ siècle au début du XVIIᵉ, à une époque d'importants bouleversements de la pensée, inclut très souvent des moments de théâtre dans le théâtre. Ce procédé crée des effets de vertige : l'illusion n'est-elle pas plus vraie que le réel lui-même ? Les dramaturges français pourraient reprendre, comme l'a fait Shakespeare en Angleterre, la devise de l'écrivain latin Pétrone : « tout le monde joue la comédie » (*totus mundus agit histrionem*). Le théâtre fait de chacun un acteur et de la vie une scène. C'est la vision du monde du spectateur, ses certitudes, qui sont ainsi mises en cause.

Texte 1

ESSAI

JEAN ROUSSET (1910-2002), *La Littérature de l'âge baroque en France* (1954), © José Corti

Jean Rousset est un critique qui s'est efforcé de définir la notion de baroque dans la littérature française. Il considère que la métamorphose et l'ostentation[1] sont les deux idées essentielles qui rendent comptent de « l'âge baroque » : elles font du monde un théâtre et de l'existence un spectacle.

Circé[2] et le Paon[3], la métamorphose et l'ostentation : voilà le commencement et la fin du parcours accompli à travers le siècle baroque. [...]

Circé incarne le monde des formes en mouvement, des identités
5 instables, dans un univers en métamorphose conçu à l'image de l'homme lui aussi en voie de changement ou de rupture, pris de vertige entre des moi multiples, oscillant entre ce qu'il est et ce qu'il

---

1. Ostentation : attitude de quelqu'un qui veut se faire remarquer, souci de faire parade.
2. Circé : magicienne célèbre de l'Antiquité, symbole de la métamorphose.
3. Paon : emblème de l'ostentation, du faste brillant.

paraît être, entre son masque et son visage. Circé et ses semblables,
les magiciennes et les enchanteurs, répandus à foison dans les jeux
10   et les rêves de l'Europe, au début du XVIIᵉ siècle, proclament à
travers les bouffonneries du ballet de cour et les enchantements de
la pastorale que tout est mobilité, inconstance et illusion dans un
monde qui n'est que théâtre et décor. [...]

Il est naturel que cette époque qui s'exprime par le théâtre [...]
15   en vienne à faire du théâtre lui-même l'objet de son théâtre, en
multipliant le théâtre sur le théâtre et la pièce dans la pièce. Dans ce
monde comparable à une vaste scène tournante, tout devient
spectacle, y compris la mort, qui obsède les imaginations au point
que l'homme s'en joue à lui-même le scénario, se regardant mort, ou
20   plutôt mourant ; car c'est le mouvement et le passage qui le séduit
en premier lieu, et la mort elle-même se présente à lui en mouvement.

Texte 2

THÉÂTRE

WILLIAM SHAKESPEARE (1564-1616), *Hamlet* (1603, pour
la publication) ♦ acte III, scène 2, traduction de François-Victor Hugo

*Hamlet, fils du roi de Danemark, doit venger son père, empoisonné
par Claudius, qui a pris sa place au pouvoir et auprès de sa mère.
Le spectre de son père mort lui est apparu pour dénoncer l'usurpateur.
Hamlet feint la folie et présente une pièce destinée à le confondre. Le
théâtre dans le théâtre doit placer le coupable face au spectacle de sa
traîtrise, le faire réagir et le contraindre à se démasquer.*

HAMLET. – [...] On joue ce soir devant le roi une pièce dont une
scène rappelle beaucoup les détails que je t'ai dit sur la mort de
mon père. Je t'en prie ! quand tu verras cet acte-là en train,
observe mon oncle[1] avec toute la concentration de ton âme. Si
5   son crime occulte ne s'échappe pas en un seul cri de sa tanière,

---

1. Mon oncle : Claudius.

ce que nous avons vu n'est qu'un spectre infernal, et mes imaginations sont aussi noires que l'enclume de Vulcain[1]. Suis-le avec une attention profonde. Quant à moi, je riverai mes yeux à son visage ; et, après, nous joindrons nos deux juge-
10 ments pour prononcer sur ce qu'il aura laissé voir.

HORATIO. – C'est bien, monseigneur. Si, pendant la représenta-tion, il me dérobe un seul mouvement, et s'il échappe à mes recherches, que je sois responsable du vol !

HAMLET. – Les voici qui viennent voir la pièce. Il faut que j'aie
15 l'air désœuvré.

À Horatio.

Allez prendre place…

Marche danoise. Fanfares.
Entrent le Roi, la Reine, Polonius, Ophélia, Rosencrantz,
Guildenstern et autres.

LE ROI. – Comment se porte notre cousin Hamlet ?

HAMLET. – Parfaitement, ma foi ! Je vis du plat du caméléon : je mange de l'air, et je me bourre de promesses. Vous ne pourriez
20 pas nourrir ainsi des chapons.

LE ROI. – Cette réponse ne s'adresse pas à moi, Hamlet ; je ne suis pour rien dans vos paroles.

HAMLET. – Ni moi non plus, je n'y suis plus pour rien.

À Polonius.

Monseigneur, vous jouâtes jadis à l'Université, m'avez-vous dit ?
25 POLONIUS. – Oui, monseigneur ; et je passais pour bon acteur.

HAMLET. – Et que jouâtes-vous ?

POLONIUS. – Je jouai Jules César. Je fus tué au Capitole ; Brutus me tua.

HAMLET. – C'était un acte de brute de tuer un veau si capital…
30 Les acteurs sont-ils prêts ?

ROSENCRANTZ. – Oui, monseigneur ; ils attendent votre bon plaisir.

---

1. **Vulcain** : dieu romain du feu, de la forge et des volcans.

Texte 3

THÉÂTRE

JEAN DE ROTROU (1609-1650), *Le Véritable Saint-Genest* (1646) ♦
acte II, scène 4

Genest, un acteur de la Rome antique, doit présenter une pièce qui rend compte du martyre d'Adrian. Alors qu'il était un simple païen, la pièce constitue pour lui une révélation et le conduit à se convertir. C'est à travers l'illusion dramatique qu'il accède à la Vérité de la foi chrétienne.

GENEST *seul, repassant* [1] *son rôle, et se promenant.*

GENEST

Il serait, Adrian, honteux d'être vaincu ;
Si ton dieu veut ta mort, c'est déjà trop vécu ;
« J'ai vu, ciel, tu le sais, par le nombre des âmes
Que j'osai t'envoyer, par des chemins de flammes,
5   Dessus les grils ardents, et dedans les taureaux,
Chanter les condamnés, et trembler les bourreaux. »

Il répète ces quatre vers.

« J'ai vu, ciel, tu le sais, par le nombre des âmes
Que j'osai t'envoyer, par des chemins de flammes,
Dessus les grils ardents, et dedans les taureaux,
10   Chanter les condamnés, et trembler les bourreaux. »

Et puis ayant un peu rêvé, et ne regardant plus son rôle, il dit.

Dieux, prenez contre moi ma défense et la vôtre ;
D'effet, comme de nom, je me trouve être un autre ;
Je feins moins Adrian, que je ne le deviens,
Et prends avec son nom, des sentiments chrétiens ;
15   Je sais (pour l'éprouver) que par un long étude,
L'art de nous transformer, nous passe en habitude ;
Mais il semble qu'ici, des vérités sans fard,

───────────

1. Repassant : répétant.

Passent, et l'habitude, et la force de l'art,
Et que Christ me propose une gloire éternelle,
20 Contre qui ma défense est vaine et criminelle ;
J'ai pour suspects, vos noms de dieux et d'immortels ;
Je répugne aux respects qu'on rend à vos autels ;
Mon esprit à vos lois secrètement rebelle,
En conçoit un mépris qui fait mourir son zèle ;
25 Et comme de profane, enfin sanctifié,
Semble se déclarer, pour un crucifié ;
Mais où va ma pensée, et par quel privilège
Presque insensiblement, passai-je au sacrilège ?
Et du pouvoir des dieux, perds-je le souvenir ?
30 Il s'agit d'imiter, et non de devenir[1].

Le ciel s'ouvre, avec des flammes, et une voix s'entend, qui dit.

VOIX DU CIEL

Poursuis Genest ton personnage,
Tu n'imiteras point en vain ;
Ton salut ne dépend, que d'un peu de courage,
Et Dieu t'y prêtera la main.

GENEST, *étonné, continue.*

35 Qu'entends-je, juste ciel, et par quelle merveille,
Pour me toucher le cœur, me frappes-tu l'oreille ?
Souffle, doux et sacré, qui me viens enflammer,
Esprit saint et divin, qui me viens animer,
Et qui me souhaitant, m'inspires le courage,
40 Travaille à mon salut, achève ton ouvrage ;
Guide mes pas douteux dans le chemin des Cieux,
Et pour me les ouvrir, dessille-moi les yeux.
Mais ô vaine créance[2], et frivole pensée,

---

1. Il s'agit d'imiter, et non de devenir : il s'agit de jouer le rôle d'un chrétien, et non de le devenir.
2. Créance : croyance.

Que du ciel cette voix me doive être adressée !
45 Quelqu'un s'apercevant du caprice où j'étais,
S'est voulu divertir par cette feinte voix,
Qui d'un si prompt effet m'excite tant de flamme,
Et qui m'a pénétré jusqu'au tréfonds de l'âme.
Prenez, dieux, contre Christ, prenez votre parti,
50 Dont ce rebelle cœur s'est presque départi ;
Et toi, contre les dieux, ô Christ, prends ta défense,
Puisqu'à tes lois, ce cœur fait encor résistance ;
Et dans l'onde agitée où flottent mes esprits,
Terminez votre guerre, et m'en faites le prix ;
55 Rendez-moi le repos dont ce trouble me prive.

■ La dramaturgie classique ou la vérité du théâtre

La deuxième moitié du XVIIe siècle est marquée par le triomphe du classicisme. La dramaturgie classique ne met plus en scène les incertitudes et les illusions. Elle s'efforce de présenter une vérité morale et religieuse incontestable, et de respecter l'exigence de vraisemblance.

Le théâtre dans le théâtre ne disparaît toutefois pas. Il n'invite pas à s'interroger sur la complexité du monde, mais sur la force du théâtre, qui permet aux hommes d'apprendre à se connaître pour se corriger de leurs extravagances si possible, ou pour au moins mieux vivre ensemble.

Au XVIIIe siècle, les personnages jouent à mettre en scène les sentiments. Dans un monde prisonnier des conventions sociales, où la transparence des cœurs est impossible, le théâtre dans le théâtre est un moyen paradoxal, à la fois plaisant et risqué, de laisser place à davantage de sincérité.

THÉÂTRE

Texte 4

MOLIÈRE (1622-1673), *L'Impromptu de Versailles* (1663) ♦ scène 4

Dans cette comédie en un acte, Molière se met en scène en tant que directeur de troupe. Il dirige la répétition d'une pièce qui doit être jouée devant le roi. Il demande à Brécourt de trancher un débat qui l'oppose à La Grange sur l'identité de celui qui était visé dans La Critique de L'École des femmes. *Molière en profite pour prêter à Brécourt quelques réflexions sur l'art de la comédie et une défense de ce genre, attaqué au moment de la querelle de* L'École des femmes *(1663).*

MOLIÈRE, BRÉCOURT, LA GRANGE, MADEMOISELLE MOLIÈRE,
MADEMOISELLE DU PARC, *etc.*

MOLIÈRE. – « Voici un homme qui nous jugera. Chevalier !

BRÉCOURT. – « Quoi ? »

MOLIÈRE. – Bon. Voilà l'autre qui prend le ton de marquis ! Vous ai-je pas dit que vous faites un rôle où l'on doit parler naturellement ?

BRÉCOURT. – Il est vrai.

MOLIÈRE. – Allons donc. « Chevalier !

BRÉCOURT. – « Quoi ?

MOLIÈRE. – « Juge-nous un peu sur une gageure[1] que nous avons faite.

BRÉCOURT. – « Et quelle ?

MOLIÈRE. – « Nous disputons qui est le marquis de *La Critique* de Molière : il gage que c'est moi, et moi je gage que c'est lui.

BRÉCOURT. – « Et moi, je juge que ce n'est ni l'un ni l'autre. Vous êtes fous tous deux, de vouloir vous appliquer ces sortes de choses ; et voilà de quoi j'ouïs l'autre jour se plaindre Molière, parlant à des personnes qui le chargeaient de même chose que vous. Il disait que rien ne lui donnait du déplaisir comme d'être

1. **Gageure** : pari.

accusé de regarder quelqu'un dans les portraits qu'il fait ; que
20   son dessein est de peindre les mœurs sans vouloir toucher aux
personnes, et que tous les personnages qu'il représente sont des
personnages en l'air, et des fantômes proprement, qu'il habille
à sa fantaisie, pour réjouir les spectateurs ; qu'il serait bien fâché
d'y avoir jamais marqué qui que ce soit ; et que si quelque chose
25   était capable de le dégoûter de faire des comédies, c'était les
ressemblances qu'on y voulait toujours trouver, et dont ses
ennemis tâchaient malicieusement d'appuyer la pensée, pour
lui rendre de mauvais offices auprès de certaines personnes à qui
il n'a jamais pensé. Et en effet je trouve qu'il a raison, car pour-
30   quoi vouloir, je vous prie, appliquer tous ses gestes et toutes ses
paroles, et chercher à lui faire des affaires[1] en disant hautement :
« Il joue un tel », lorsque ce sont des choses qui peuvent
convenir à cent personnes ? Comme l'affaire de la comédie est
de représenter en général tous les défauts des hommes, et prin-
35   cipalement des hommes de notre siècle, il est impossible à
Molière de faire aucun[2] caractère qui ne rencontre quelqu'un
dans le monde. Et s'il faut qu'on l'accuse d'avoir singé toutes les
personnes où l'on peut trouver les défauts qu'il peint, il faut sans
40   doute qu'il ne fasse plus de comédies.

Texte 5

THÉÂTRE

MOLIÈRE (1622-1673), *Le Malade imaginaire* (1673) ♦ acte III, scène 14

*Argan, qui se croit malade, se soumet entièrement aux médecins et à
leurs inutiles remèdes. Son extravagance le pousse à exiger de son
futur gendre, Cléante, qu'il se fasse médecin. Béralde, son frère,
propose une solution plus satisfaisante pour tous : qu'Argan se fasse
lui-même médecin. Une « cérémonie burlesque » est alors organisée,*

---

1. **Affaires** : querelles.
2. **Aucun** : un quelconque.

pour faire croire à Argan qu'il accède effectivement au statut de médecin et le guérir de son angoisse. Le théâtre devient, pour lui, la meilleure des médecines.

BÉRALDE. – Mais, mon frère, il me vient une pensée. Faites-vous médecin vous-même. La commodité sera encore plus grande d'avoir en vous tout ce qu'il vous faut.

TOINETTE. – Cela est vrai. Voilà le vrai moyen de vous guérir
5   bientôt ; et il n'y a point de maladie si osée que de se jouer à la personne d'un médecin.

ARGAN. – Je pense, mon frère, que vous vous moquez de moi. Est-ce que je suis en âge d'étudier ?

BÉRALDE. – Bon, étudier ! Vous êtes assez savant ; et il y en a
10   beaucoup parmi eux qui ne sont pas plus habiles que vous.

ARGAN. – Mais il faut savoir bien parler latin, connaître les maladies et les remèdes qu'il y faut faire.

BÉRALDE. – En recevant la robe et le bonnet de médecin, vous apprendrez tout cela, et vous serez après plus habile que vous
15   ne voudrez.

ARGAN. – Quoi ! l'on sait discourir sur les maladies quand on a cet habit-là ?

BÉRALDE. – Oui. L'on n'a qu'à parler ; avec une robe et un bonnet, tout galimatias[1] devient savant, et toute sottise
20   devient raison.

TOINETTE. – Tenez, Monsieur, quand il n'y aurait que votre barbe, c'est déjà beaucoup, et la barbe fait plus de la moitié d'un médecin.

CLÉANTE. – En tout cas, je suis prêt à tout.

25   BÉRALDE. – Voulez-vous que l'affaire se fasse tout à l'heure ?

ARGAN. – Comment, tout à l'heure ?

BÉRALDE. – Oui, et dans votre maison.

ARGAN. – Dans ma maison ?

---

1. **Galimatias** : propos incompréhensibles.

BÉRALDE. — Oui. Je connais une Faculté de mes amies qui viendra
tout à l'heure en faire la cérémonie dans votre salle. Cela ne
vous coûtera rien.

ARGAN. — Mais moi, que dire ? que répondre ?

BÉRALDE. — On vous instruira en deux mots, et l'on vous donnera
par écrit ce que vous devez dire. Allez-vous-en vous mettre en
habit décent, je vais les envoyer quérir[1].

ARGAN. — Allons, voyons cela.

Il sort.

CLÉANTE. — Que voulez-vous dire, et qu'entendez-vous avec cette
Faculté de vos amies ?

TOINETTE. — Quel est donc votre dessein[2] ?

BÉRALDE. — De nous divertir un peu ce soir. Les comédiens ont fait
un petit intermède de la réception d'un médecin, avec des danses
et de la musique ; je veux que nous en prenions ensemble le
divertissement, et que mon frère y fasse le premier personnage.

ANGÉLIQUE. — Mais, mon oncle, il me semble que vous vous jouez
un peu beaucoup de mon père.

BÉRALDE. — Mais, ma nièce, ce n'est pas tant le jouer que s'accommoder à ses fantaisies. Tout ceci n'est qu'entre nous. Nous y
pouvons aussi prendre chacun un personnage, et nous donner
ainsi la comédie les uns aux autres. Le carnaval autorise cela.
Allons vite préparer toutes choses.

CLÉANTE, *à Angélique*. — Y consentez-vous ?

ANGÉLIQUE. — Oui, puisque mon oncle nous conduit.

Troisième intermède

*C'est une cérémonie burlesque d'un homme qu'on fait médecin,
en récit, chant, et danse.*

---

1. Quérir : chercher.
2. Dessein : projet, intention.

Texte 6

THÉÂTRE

MARIVAUX (1688-1763), *Les Acteurs de bonne foi* (1755) ♦ scène 1

Marivaux s'inscrit dans la tradition du théâtre classique, tout
en inventant un nouveau langage théâtral, passé à la postérité
sous le nom de « marivaudage » : il s'agit d'un badinage léger,
galant, fondé sur les plaisirs de la conversation. Dans ce jeu
amoureux, le théâtre dans le théâtre est un divertissement, dont
la fonction est aussi morale. Il permet de mettre en évidence la
vérité des sentiments. Dans Les Acteurs de bonne foi, *Éraste*
doit se marier avec Angélique, une jeune fille peu fortunée.
Merlin est chargé d'être l'auteur, le metteur en scène et l'acteur
d'une comédie destinée à mettre à l'épreuve les sentiments des
personnages.

ÉRASTE, MERLIN

MERLIN. – Oui, Monsieur, tout sera prêt, vous n'avez qu'à me
faire mettre la salle en état, à trois heures après midi, je vous
garantis que je vous donnerai la comédie.

[…]

5   Lisette, qui est des nôtres, a sans doute gardé le secret, mademoiselle Angélique votre future, n'aura rien dit, de votre côté,
vous vous êtes tu ; j'ai été discret, mes acteurs sont payés pour
se taire, et nous surprendrons, Monsieur, nous surprendrons.

ÉRASTE. – Et qui sont tes acteurs ?

MERLIN. – Moi d'abord, je me nomme le premier pour vous
10   inspirer de la confiance, ensuite Lisette, femme de chambre de
mademoiselle Angélique, et suivante originale, Blaise, fils du
fermier de madame Argante, Colette, amante dudit fils du
fermier, et fille du jardinier.

ÉRASTE. – Cela promet de quoi rire.

15   MERLIN. – Et cela tiendra parole, j'y ai mis bon ordre ; si vous
saviez le coup d'art qu'il y a dans ma pièce.

ÉRASTE. – Dis-moi donc ce que c'est.

MERLIN. – Nous jouerons à l'impromptu, Monsieur, à l'impromptu.

ÉRASTE. – Que veux-tu dire à l'impromptu ?

20 MERLIN. – Oui. Je n'ai fourni que ce que nous autres beaux esprits appelons le canevas, la simple nature fournira les dialogues, et cette nature-là sera bouffonne.

ÉRASTE. – La plaisante espèce de comédie ! Elle pourra pourtant nous amuser.

25 MERLIN. – Vous verrez, vous verrez ; j'oublie encore à vous dire une finesse de ma pièce, c'est que Colette doit faire mon amoureuse, et moi qui dois faire son amant, nous sommes convenus tous deux de voir un peu la mine que feront Lisette et Blaise, à toutes les tendresses naïves que nous prétendons nous dire, et

30 le tout, pour éprouver s'ils n'en seront pas un peu alarmés et jaloux, car vous savez que Blaise doit épouser Colette, et que l'amour nous destine Lisette et moi l'un à l'autre. Mais, Lisette, Blaise et Colette vont venir ici pour essayer leurs scènes, ce sont les principaux acteurs, j'ai voulu voir comment ils s'y pren-

35 dront, laissez-moi les écouter, et les instruire, et retirez-vous, les voilà qui entrent.

ÉRASTE. – Adieu ; fais-nous rire, on ne t'en demande pas d'avantage.

■ Le drame romantique : la violence de la représentation

À l'époque romantique, le théâtre dans le théâtre permet aux personnages de prendre conscience de leurs propres sentiments. Ce procédé devient un jeu cruel, qui se charge parfois d'amertume. Il participe également à la complexité de l'intrigue, qui se dédouble, pour mieux traduire la difficulté à vivre dans un monde qui est à la fois un immense carnaval, où chacun porte un masque parfois ridicule, voire monstrueux, et un espace où s'exprime l'héroïsme et la grandeur de l'individu.

THÉÂTRE

Texte 7

ALFRED DE MUSSET (1810-1857), *Lorenzaccio* (1834) ◆ acte III, scène 1

La pièce rend compte du meurtre d'Alexandre de Médicis, par Lorenzo de Médicis, son cousin. Alexandre est un tyran, qui opprime le peuple de Florence. Lorenzo feint de le soutenir pour gagner sa confiance. Dans cette scène, il répète le meurtre avec Scoronconcolo, son fidèle compagnon, pour habituer les voisins au bruit et ne pas éveiller leur vigilance le jour où il tuera véritablement Alexandre. La mise en scène des deux hommes révèle la souffrance de Lorenzo, qui sacrifie son innocence à cette unique action, qui l'obsède presque jusqu'à la folie.

LORENZO, SCORONCONCOLO, *faisant des armes*

SCORONCONCOLO. – Maître, as-tu assez du jeu ?

LORENZO. – Non, crie plus fort. Tiens, pare celle-ci ! tiens, meurs ! tiens, misérable !

SCORONCONCOLO. – À l'assassin ! on me tue ! on me coupe la gorge !

5   LORENZO. – Meurs ! meurs ! meurs ! Frappe donc du pied.

SCORONCONCOLO. – À moi, mes archers ! au secours ! on me tue ! Lorenzo de l'enfer !

LORENZO. – Meurs, infâme ! Je te saignerai, pourceau, je te saignerai ! Au cœur, au cœur ! il est éventré. – Crie donc, frappe donc, tue
10   donc ! Ouvre-lui les entrailles ! Coupons-le par morceaux, et mangeons, mangeons ! J'en ai jusqu'au coude. Fouille dans la gorge, roule-le, roule ! Mordons, mordons, et mangeons !

Il tombe épuisé.

SCORONCONCOLO, *s'essuyant le front.* – Tu as inventé un rude jeu, maître, et tu y vas en vrai tigre ; mille millions de tonnerres !
15   tu rugis comme une caverne pleine de panthères et de lions.

LORENZO. – Ô jour de sang, jour de mes noces ! Ô soleil ! soleil ! il y a assez longtemps que tu es sec comme le plomb ; tu te meurs de soif, soleil ! ton sang t'enivrera. Ô ma vengeance !

qu'il y a longtemps que tes ongles poussent ! Ô dents
20   d'Ugolin[1] ! il vous faut le crâne, le crâne !

SCORONCONCOLO. – Es-tu en délire ? As-tu la fièvre ?

LORENZO. –Lâche, lâche – ruffian[2] – le petit maigre, les pères, les
filles – des adieux, des adieux sans fin – les rives de l'Arno[3]
pleines d'adieux ! – Les gamins l'écrivent sur les murs. – Ris,
25   vieillard, ris dans ton bonnet blanc – tu ne vois pas que mes
ongles poussent ? – Ah ! le crâne, le crâne !

> *Il s'évanouit.*

THÉÂTRE

Texte 8

ALFRED DE MUSSET (1810-1857), *On ne badine pas avec l'amour* (1834) ◆
acte III, scène 3

*Camille et Perdican s'aiment, mais Camille ne parvient pas à
dépasser la méfiance que lui inspirent les hommes. Elle préfère se
retirer au couvent. Perdican, blessé, entend feindre l'amour pour
Rosette, une jeune paysanne, sœur de lait de Camille. Il donne
rendez-vous à Camille, pour faire d'elle la spectatrice d'une scène de
séduction destinée à éveiller en elle la jalousie.*

CAMILLE, *lisant*. – Perdican me demande de lui dire adieu, avant
de partir, près de la petite fontaine où je l'ai fait venir hier. Que
peut-il avoir à me dire ? Voilà justement la fontaine, et je suis
toute portée. Dois-je accorder ce second rendez-vous ? Ah !
5   *(Elle se cache derrière un arbre.)* Voilà Perdican qui approche avec
Rosette, ma sœur de lait. Je suppose qu'il va la quitter ; je suis
bien aise de ne pas avoir l'air d'arriver la première.

> *Entrent Perdican et Rosette, qui s'assoient.*

---

1. Ugolin est un tyran de Pise, ville d'Italie, qui fut enfermé avec ses fils dans
une tour. Il tenta de manger ses enfants (XIIIe siècle).
2. Ruffian : proxénète. Lorenzo désigne ainsi Alexandre, qui est un débauché.
3. Arno : fleuve de Florence.

Camille, *cachée, à part.* – Que veut dire cela ? Il la fait asseoir près de lui ? Me demande-t-il un rendez-vous pour y venir causer avec une autre ? Je suis curieuse de savoir ce qu'il lui dit.

Perdican, *à haute voix, de manière que Camille l'entende.* – Je t'aime, Rosette ! toi seule au monde tu n'as rien oublié de nos beaux jours passés ; toi seule tu te souviens de la vie qui n'est plus ; prends ta part de ma vie nouvelle ; donne-moi ton cœur, chère enfant ; voilà le gage de notre amour.

Il lui pose sa chaîne sur le cou.

Rosette. – Vous me donnez votre chaîne d'or ?

Perdican. – Regarde à présent cette bague. Lève-toi et approchons-nous de cette fontaine. Nous vois-tu tous les deux, dans la source, appuyés l'un sur l'autre ? Vois-tu tes beaux yeux près des miens, ta main dans la mienne ? Regarde tout cela s'effacer. *(Il jette sa bague dans l'eau.)* Regarde comme notre image a disparu ; la voilà qui revient peu à peu ; l'eau qui s'était troublée reprend son équilibre ; elle tremble encore ; de grands cercles noirs courent à sa surface ; patience, nous reparaissons ; déjà je distingue de nouveau tes bras enlacés dans les miens ; encore une minute, et il n'y aura plus une ride sur ton joli visage ; regarde ! C'était une bague que m'avait donnée Camille.

Camille, *à part.* – Il a jeté ma bague dans l'eau.

Perdican. – Sais-tu ce que c'est que l'amour, Rosette ? Écoute ! le vent se tait ; la pluie du matin roule en perles sur les feuilles séchées que le soleil ranime. Par la lumière du ciel, par le soleil que voilà, je t'aime ! Tu veux bien de moi, n'est-ce pas ? On n'a pas flétri ta jeunesse ? On n'a pas infiltré dans ton sang vermeil les restes d'un sang affadi ? Tu ne veux pas te faire religieuse ; te voilà jeune et belle dans les bras d'un jeune homme. Ô Rosette, Rosette ! sais-tu ce que c'est que l'amour ?

ROSETTE. – Hélas ! monsieur le docteur [1], je vous aimerai comme je pourrai.

40 PERDICAN. – Oui, comme tu pourras ; et tu m'aimeras mieux, tout docteur que je suis et toute paysanne que tu es, que ces pâles statues fabriquées par les nonnes, qui ont la tête à la place du cœur, et qui sortent des cloîtres pour venir répandre dans la vie l'atmosphère humide de leurs cellules ; tu ne sais rien ; tu
45 ne liras pas dans un livre la prière que ta mère t'apprend, comme elle l'a apprise de sa mère ; tu ne comprends même pas le sens des paroles que tu répètes, quand tu t'agenouilles au pied de ton lit ; mais tu comprends bien que tu pries, et c'est tout ce qu'il faut à Dieu.

50 ROSETTE. – Comme vous me parlez, monseigneur.

PERDICAN. – Tu ne sais pas lire ; mais tu sais ce que disent ces bois et ces prairies, ces tièdes rivières, ces beaux champs couverts de moissons, toute cette nature splendide de jeunesse. Tu reconnais tous ces milliers de frères, et moi pour l'un d'entre eux ;
55 lève-toi, tu seras ma femme, et nous prendrons racine ensemble dans la sève du monde tout-puissant.

Il sort avec Rosette.

■ Réflexions contemporaines : la mise en cause des limites entre le réel et la représentation

Les dramaturges contemporains n'accordent pas toujours d'importance à la psychologie des personnages et ne s'efforcent pas nécessairement de donner au spectateur l'illusion de voir le monde sur la scène. Ils mettent plutôt en évidence la théâtralité des situations, pour inviter chacun à percevoir les artifices qui régissent l'existence des hommes, prisonniers de leurs habitudes, de leur manque de naturel et de sincérité.

---

1. **Docteur** : savant.

Texte 9

THÉÂTRE

LUIGI PIRANDELLO (1867-1936), *Six personnages en quête d'auteur*
(1921) ♦ traduction de Claude Perrus, © Éditions Flammarion

*La pièce présente un directeur de troupe confronté à six personnages
privés d'auteur, qui veulent pourtant mettre en scène leur drame.
Le directeur s'efforce de leur faire comprendre l'écart entre la vie et la
représentation. Pirandello révèle ainsi au spectateur les principes de
la création dramatique et de la représentation.*

LE DIRECTEUR. – Je ne dis pas le contraire, et je comprends, je
comprends tout votre dégoût, mademoiselle, mais vous,
comprenez à votre tour que l'on ne peut pas porter tout cela à
la scène.

5 LA BELLE-FILLE. – On ne peut pas... Alors, merci bien, je ne joue
pas.

LE DIRECTEUR. – Voyons...

LA BELLE-FILLE. – Je ne joue pas, je ne joue pas. Ce qu'on peut
porter à la scène, vous l'avez combiné tous les deux ensemble,

10 merci bien... Oh! Je comprends, allez... Il veut en venir tout
de suite à son drame « cérébral » compliqué, à la représentation
de ses remords et de ses tourments, mais moi, je veux aussi
représenter mon drame, mon drame!

LE DIRECTEUR, *ennuyé, haussant les épaules.* – Votre drame! Mais à la

15 fin du compte, il n'y a pas que votre drame. Il y a celui des autres.
(Montrant le père). Le sien. Celui de votre mère! Il est inadmissible
qu'un personnage se mette ainsi en vedette et envahisse la scène
au détriment des autres. Il faut assembler les personnages en un
tableau harmonieux et jouer ce qui est jouable. Je sais aussi bien

20 que vous que chacun a toute une vie secrète qu'il voudrait étaler.
Le difficile, c'est précisément de n'en représenter que ce qui est
nécessaire, par rapport aux autres, et faire deviner, par le peu qu'on
montre, tout le reste. Ce serait trop commode si chaque personnage pouvait, dans un beau monologue ou pourquoi pas? – dans

une conférence, venir épancher devant les spectateurs tout ce qu'il
25 contient en lui ! *(Débonnaire, conciliant).* Il faut vous modérer,
mademoiselle. Croyez-moi, c'est dans votre intérêt. Je dois vous
avouer que cette fureur destructrice, ce dégoût exaspéré que vous
avez avoué vous-même en disant que vous aviez déjà été avec
d'autres hommes, à plusieurs reprises, chez madame Pace, pour-
30 raient faire mauvaise impression sur le public.

THÉÂTRE

Texte 10

JEAN-PAUL SARTRE (1905-1980), *Kean* (1953) ♦ acte IV, cinquième
tableau, scène 2, © Éditions Gallimard

À Londres, Kean joue Othello *de Shakespeare. Dans la salle, se trouve
Éléna, dont Kean est amoureux. Soudain il s'adresse à elle, depuis la
scène. Il rompt l'illusion dramatique pour dévoiler la vérité de ses
sentiments. L'extrait invite à réfléchir sur l'étroitesse des limites entre
la fiction théâtrale et la vie, telle que chacun la met en scène.*

KEAN. – [...] *(Tourné vers Éléna.)* Vous, madame, pourquoi ne joue-
riez-vous pas Desdémone[1] ? Je vous étranglerais si gentiment ?
(Élevant l'oreiller au-dessus de sa tête.) Mesdames, messieurs,
l'arme du crime. Regardez ce que j'en fais. *(Il le jette devant
5 l'avant-scène, juste aux pieds d'Éléna.)* À la plus belle. Cet oreiller,
c'est mon cœur ; mon cœur de lâche tout blanc : pour qu'elle
pose dessus ses petits pieds. *(À Anna[2] :)* Va chercher Cassio[3],
ton amant : il pourra désormais te cajoler sous mes yeux.
(Se frappant la poitrine.) Cet homme n'est pas dangereux. C'est à
10 tort qu'on prenait Othello pour un grand cocu royal. Je suis un

---

1. Desdémone est la femme d'Othello. Dans la pièce de Shakespeare, Othello
pense que Cassio est son amant.
2. Anna est l'actrice partenaire de Kean qui joue Desdémone.
3. Voir note 1.

CO ... co... un... co ... co ... mique. (*Rires. Au prince de Galles*[1] *:*)
Eh bien, monseigneur, je vous l'avais prédit : pour une fois qu'il
me prend une vraie colère, c'est l'emboîtage[2]. (*Les sifflets
redoublent :* À bas Kean ! À bas l'acteur ! *Il fait un pas vers le public
et le regarde. Les sifflets cessent.*) Tous, alors ? Tous contre moi ?
Quel honneur ! Mais pourquoi ? Mesdames, messieurs, si vous
me permettez une question. Qu'est-ce que je vous ai fait ? Je
vous connais tous mais c'est la première fois que je vous vois ces
gueules d'assassins. Est-ce que ce sont vos vrais visages ? Vous
veniez ici chaque soir et vous jetiez des bouquets sur la scène en
criant bravo. J'avais fini par croire que vous m'aimiez... Mais
dites donc, mais dites donc : *qui* applaudissiez-vous ? Hein ?
Othello ? Impossible : c'est un fou sanguinaire. Il faut donc que
ce soit Kean. « Notre grand Kean, notre cher Kean, notre Kean
national. » Eh bien le voilà, votre Kean ! (*Il tire un mouchoir de sa
poche et se frotte le visage. Des traces livides apparaissent.*) Oui, voilà
l'homme. Regardez-le. Vous n'applaudissez pas ? (*Sifflets.*) C'est
curieux, tout de même : vous n'aimez que ce qui est faux.

LORD MEWILL, *de sa loge.* – Cabotin[3] !

KEAN. – Qui parle ? Eh ! Mais c'est Mewill[4] ! (*Il s'approche de la
loge.*) J'ai flanché tout à l'heure parce que les princes m'intimident, mais je te préviens que les punaises ne m'intimident pas.
Si tu ne fermes pas ta grande gueule, je te prends entre deux
ongles et je te fais craquer. Comme ça. (*Il fait le geste. Le public
se tait.*) Messieurs dames, bonsoir. Roméo, Lear et Macbeth[5] se
rappellent à votre bon souvenir : moi je vais les rejoindre et je
leur dirai bien des choses de votre part. Je retourne dans l'imaginaire où m'attendent mes superbes colères. Cette nuit,

---

1. Kean croit que le prince de Galles est pour lui un rival.
2. **Emboîtage** : action de siffler un acteur ou une pièce.
3. **Cabotin** : mauvais comédien, qui aime se mettre en scène par orgueil.
4. Mewill veut séduire Anna. Il a été humilié par Kean.
5. Personnages de Shakespeare, victimes d'un destin tragique.

mesdames, messieurs, je serai Othello, chez moi, à bureaux
fermés[1], et je tuerai pour de bon. Évidemment, si vous m'aviez
aimé... Mais il ne faut pas trop demander, n'est-ce pas ?
À propos, j'ai eu tort, tout à l'heure, de vous parler de Kean.
Kean est mort en bas âge. *(Rires.)* Taisez-vous donc, assassins,
c'est vous qui l'avez tué ! C'est vous qui avez pris un enfant
pour en faire un monstre ! *(Silence effrayé du public.)* Voilà ! C'est
parfait : du calme, un silence de mort. Pourquoi siffleriez-
vous : il n'y a personne en scène. Personne. Ou peut-être un
acteur en train de jouer Kean dans le rôle d'Othello. Tenez, je
vais vous faire un aveu : je n'existe pas vraiment, je fais
semblant. Pour vous plaire, messieurs, mesdames, pour vous
plaire. Et je... *(Il hésite et puis, avec un geste « À quoi bon ! ».)...*
c'est tout.

> *Il s'en va, à pas lents, dans le silence ;*
> *sur scène tous les personnages sont figés de stupeur. Salomon[2] sort de son*
> *trou, fait un geste désolé au public et crie en coulisse.*

SALOMON. – Rideau ! voyons ! Rideau !

---

1. À bureaux fermés : sans public.
2. Salomon est le souffleur de Kean.

Corneille, au siècle de Louis XIII

Le XVIIᵉ siècle est généralement considéré comme celui de Louis XIV (1643-1715). Entre 1610 et 1643, le règne de Louis XIII, son prédécesseur, est toutefois marqué par d'importantes évolutions : l'affirmation progressive de l'absolutisme, c'est-à-dire de la concentration du pouvoir monarchique entre les mains du seul roi, et de l'esthétique classique, qui consacre le triomphe de l'ordre et de la raison.

L'AFFIRMATION DE L'ABSOLUTISME

En 1610, à la mort d'Henri IV, Louis XIII n'a que neuf ans. C'est Marie de Médicis, sa mère, qui exerce la régence, dans un contexte difficile. À partir de 1630, sous l'autorité de Richelieu, le royaume retrouve une partie de sa stabilité.

1 • Le risque de l'instabilité

• La situation de **régence** (1610-1630), au début du règne de Louis XIII, conduit à une certaine **faiblesse du pouvoir**. Les luttes d'influence entre le jeune roi, qui voudrait gouverner seul, et **Marie de Médicis**, sont à l'origine de graves **désordres intérieurs**.

• Ces désordres sont non seulement politiques, mais aussi **religieux**. L'Édit de Nantes, signé en 1598 sous le règne d'Henri IV, qui garantissait une liberté de culte sous condition pour les protestants, n'a pas définitivement apaisé les conflits. Catholiques et protestants continuent à se déchirer dans des **guerres de religion** qui menacent l'unité du royaume.

2 • La reprise en main du pouvoir

• **Richelieu**, principal ministre de Louis XIII entre 1630 et 1642, ne parvient pas à faire taire toutes les oppositions. À l'extérieur, la France doit surtout affronter, à partir de 1635, la **guerre de Trente Ans** (1618-1648) qui l'oppose à l'Espagne.

• Mais Richelieu renforce l'autorité du roi. **Il remet en ordre le royaume** dans tous les domaines, y compris sur le plan culturel : **il fonde l'Académie française en 1635**, qui a pour mission d'unifier la langue française, en lui donnant des règles claires, et de participer à la vie littéraire.

• À la mort de Louis XIII en 1643, le royaume connaît à nouveau une situation de régence, car Louis XIV n'a que cinq ans. **Anne d'Autriche, qui reçoit le soutien du cardinal Mazarin**, exerce le pouvoir. Le roi est alors confronté à l'opposition des parlementaires, puis d'une partie de la noblesse. Ce sont les troubles de la **Fronde**

(1648-1652), qui constituent la dernière tentative sérieuse d'opposition à l'absolutisme. En 1661, à la mort de Mazarin, Louis XIV exerce le pouvoir seul et la noblesse est définitivement placée sous son contrôle, à la Cour.

L'AFFIRMATION DU CLASSICISME

L'instabilité d'un monde en proie à des changements permanents est favorable à l'esthétique baroque, représentée sur la scène, par exemple, par *L'Illusion comique* (1635) de Corneille ou par *Le Véritable Saint-Genest* (1646) de Rotrou (voir anthologie sur le théâtre dans le théâtre, p. 130). À partir des années 1630 se mettent toutefois en place les conditions d'émergence du classicisme.

1 • Une esthétique encore irrégulière

• Corneille s'affranchit souvent de l'obéissance aux règles classiques, dont il refuse d'être esclave. *L'Illusion comique* est une pièce irrégulière : Corneille lui-même la qualifie d'« étrange monstre ». Il considère que « le premier acte n'est qu'un prologue, les trois suivants font une comédie imparfaite, le dernier est une tragédie, et tout cela cousu ensemble fait une comédie » (*À Mademoiselle M.F.D.R.*, p. 7). **L'unité de ton n'y est donc pas respectée. Il en est de même pour l'unité d'action**, du fait de la structure enchâssée de la pièce : l'enjeu est-il de répondre à l'angoisse de Pridamant ou d'observer les aventures de Clindor ?

• **Les unités de temps et de lieu** ne semblent pas davantage respectées : l'action, qui dure au moins « deux ans » (v. 1406), conduit le spectateur en Touraine, à Bordeaux et en Angleterre. La **grotte**, où se déroule la mise en scène d'Alcandre, assure néanmoins l'unité de lieu. **Le temps de l'action vécue par Pridamant coïncide également avec celui de la représentation.**

2 • Du baroque au classicisme

• L'irrégularité de la pièce de Corneille, évoquée dans son épître, est l'une des caractéristiques de **l'esthétique baroque**. Cette notion est définie par l'importance accordée aux **apparences**, aux **illusions** et au **mouvement**. Les hommes de l'âge baroque sont caractérisés par leur **inconstance** : en amour, par exemple, ils font souvent l'éloge de l'infidélité. Ils ont conscience de la fragilité de l'existence. Le théâtre baroque laisse une place importante à la **tragi-comédie**, un genre irrégulier dont *Le Cid* (1637) de Corneille est le chef-d'œuvre.

• **Le classicisme tend toutefois à s'affirmer.** Le **souci de la vraisemblance et des bienséances** progresse auprès des dramaturges et du public. Au moment où Corneille écrit *L'Illusion comique*, les règles du théâtre classique sont en train de s'imposer.

• Le théâtre connaît, sous l'effet de ces évolutions, un certain **renouveau**, dont témoigne Alcandre en conclusion de la pièce. Même si l'on continue à discuter de la moralité d'un genre qui, en s'adressant à la sensibilité des spectateurs, les détournerait de la foi chrétienne, il n'est plus ce que le temps de Pridamant «voyait avec mépris» (acte V, scène 6) et connaît même un **succès** important auprès du peuple et des Grands.

Corneille, du baroque au classicisme

On en sait peu sur l'existence de Corneille, qui semble s'effacer derrière son œuvre considérable. Il est l'auteur de trente-trois pièces : il commence par écrire des comédies et des tragi-comédies, avant de devenir un maître de la tragédie. Il semble emprunter une voie originale, entre le baroque et le classicisme.

LE TEMPS DES COMÉDIES ET DES TRAGI-COMÉDIES

● Fils aîné d'une famille aisée, Pierre Corneille naît à **Rouen le 6 juin 1606**. Il a **un frère, Thomas Corneille**, né en 1625, qui devient lui aussi auteur dramatique. Après une formation au collège jésuite et des études de droit, il semble se destiner à la profession d'**avocat**.

● En 1630, *Mélite*, **sa première comédie**, est représentée à Paris. Le succès que la pièce rencontre le convainc de continuer à écrire. Entre 1631 et 1634, il connaît à nouveau le succès avec *Clitandre* (1631), une tragi-comédie, et avec quatre comédies : *La Veuve ou le Traître trahi* (1632), *La Galerie du Palais* (1633), *La Suivante* (1634), *La Place Royale ou l'Amoureux extravagant* (1634).

● *Médée* **(1635), la première tragédie écrite par Corneille**, et *L'Illusion comique* **(1635) sont des pièces éloignées des exigences classiques de modération et de vraisemblance** : *Médée* révèle la violence des passions humaines ; *L'Illusion comique*, structurée par un complexe jeu d'enchâssements, met en question les limites entre le réel et sa représentation. La pièce, qui est un chef-d'œuvre du théâtre baroque, est publiée en 1639.

● Avec *Le Cid* **(1637), une tragi-comédie**, Corneille connaît un très grand **succès**. La pièce donne toutefois lieu à d'importantes **polémiques**. Elle est jugée peu conforme aux règles du classicisme. L'Académie française, créée par Richelieu en 1635, en livre une sévère critique dans *Les Sentiments de l'Académie sur* Le Cid (1637).

UN AUTEUR TRAGIQUE RECONNU

● Après quelques années de silence suite à la querelle du *Cid*, Corneille écrit des **tragédies** considérées comme plus régulières que ses œuvres précédentes : *Horace* en **1640**, *Cinna* en **1642** et *Polyeucte*, **une tragédie chrétienne, en 1643**. Ces trois pièces présentent **des héros qui inspirent l'admira-**

tion, et invitent le spectateur à réfléchir sur les **rapports complexes entre morale et politique**.

● Avec *Le Menteur* (1644) et *La Suite du Menteur* (1645), Corneille semble faire un retour à la comédie. Il ne tarde cependant pas à renouer avec la tragédie : *Rodogune* **(1645)** est une pièce dont l'**action complexe et violente** montre à nouveau qu'il refuse d'être esclave des règles du classicisme.

● **Élu en 1647 à l'Académie française**, il accède à une reconnaissance officielle. En 1651, *Nicomède*, une tragédie dont le dénouement est pourtant heureux, rencontre un important succès.

DE LA GLOIRE AU DÉCLIN

● L'**échec de** *Pertharite* **(1652)** pousse Corneille à renoncer provisoirement à écrire pour la scène. En 1659, il n'en revient pas moins au théâtre avec *Œdipe*. *Sertorius* (1662), *Sophonisbe* (1663) et *Othon* (1664) sont des succès.

● Corneille souffre toutefois de la **concurrence de plus en plus vive d'un dramaturge plus jeune et à la mode : Racine**. En 1670, *Tite et Bérénice*, sa « comédie héroïque » est moins appréciée que la *Bérénice* de Racine. **Corneille prend sa retraite définitive avec** *Suréna*, **une tragédie représentée en 1674**.

● **Il meurt le 1er octobre 1684**, à Paris. En 1685, Thomas Corneille est reçu à l'Académie française, à son fauteuil. Il ne pouvait pas prononcer lui-même un discours sur son frère, comme l'exigeait la coutume. C'est donc Racine qui reçoit la mission de faire l'éloge de son ancien rival.

Corneille et la comédie

Au début de la carrière de Corneille, la comédie est un genre en crise, qui ne séduit plus ni les auteurs, ni le public. Corneille en assure le renouveau et le réhabilite, en particulier face à ceux qui en critiquent la moralité. L'Illusion comique, comédie qui rencontre le succès, témoigne d'un comique original, qui divertit le spectateur plus qu'il ne le fait vraiment rire.

CORNEILLE ET LA RÉHABILITATION DU GENRE COMIQUE

Certains lettrés portent en effet un jugement sévère sur le genre comique, souvent représenté par la farce. Corneille renouvelle la comédie en proposant des pièces étrangères à toute vulgarité, qui mettent en scène des « honnêtes gens ».

1 • Le retour du succès

• Au début du siècle, les dramaturges ne s'intéressent plus à la comédie. On imprime seulement quatre nouvelles comédies entre 1620 et 1630. Le public et les auteurs se tournent davantage vers la **tragédie, genre réputé plus noble**, et surtout vers la **tragi-comédie**, qui triomphe au moins jusqu'en 1640. La **pastorale dramatique**, qui met en scène des intrigues amoureuses dans un cadre champêtre idéalisé, connaît elle aussi un certain succès. Seul le peuple continue à goûter les spectacles comiques.

• **Le genre comique manque non seulement d'auteurs et de public, mais également de théoriciens.** Aristote (384-322 av. J.C.), dans sa *Poétique*, n'en parle pas. La comédie n'est définie, avant 1630, que de manière très imprécise : les personnages doivent être de **modeste condition**, l'**intrigue divertissante** et le **dénouement heureux**.

• **À partir de 1630, le soutien de Richelieu** contribue au renouveau du théâtre et profite à la comédie. La réflexion sur ce genre, auquel on commence à appliquer les règles de la dramaturgie classique, se précise. **Le public, lui aussi, change : il s'élargit et devient plus mondain.** Corneille lui propose, dans ses comédies, des **personnages issus de l'aristocratie moyenne** auxquels il peut s'identifier. *L'Illusion comique* (1636) s'inscrit dans une suite de pièces comiques, qui rencontrent le succès (voir repère 2, p. 153).

2 • La moralité de la comédie

• Les critiques dénoncent parfois la **vulgarité des procédés comiques**, issus de la tradition médiévale ou inspirés de la *commedia dell'arte*, éloignés des illustres modèles proposés par Plaute (254-184 av. J.-C.) et Térence (190-159 av. J.-C.). Ils considèrent que les comédies détourneraient le public des vertus chrétiennes. La **querelle sur la moralité du théâtre** est particulièrement vive au XVIIᵉ siècle.

• Corneille rompt avec le comique traditionnel et populaire. Ses comédies excluent toute vulgarité. Elles mettent en scène **des «honnêtes gens»**, c'est-à-dire des mondains cultivés, capables de dialoguer avec politesse et élégance sur des sujets tels que l'**amour et le mariage**.

• La comédie gagne ainsi en reconnaissance. Dans son *Discours de l'utilité et des parties du poème dramatique*, publié en 1660, Corneille affirme même que la différence entre la comédie et la tragédie «ne consiste qu'en la dignité des personnages et des actions qu'ils imitent, et non pas à la façon de les imiter, ni aux choses qui servent à cette imitation.» **Comédie et tragédie sont presque mises sur le même plan**.

LE COMIQUE, DANS L'ŒUVRE DE CORNEILLE

1 • Des comédies qui font rire ?

• Corneille écrit **des comédies qui constituent un divertissement, bien plus qu'elles ne font rire**. Alcandre, à la fin de la pièce, fait de la comédie «Le divertissement le plus doux de nos princes, / Les délices du peuple, et le plaisir des grands» (acte V, scène 6, v. 1786-1787).

• C'est **le naturel et la vraisemblance** du dialogue qui sont à l'origine de la vivacité de la comédie et du plaisir qu'elle fait naître. Il s'agit d'**exclure toute forme d'affectation**. La comédie se définit également par le **refus de la terreur et de la pitié que la tragédie fait ressentir**. La tonalité de la comédie doit rester agréable et légère.

• Dans l'*Examen* de *Mélite*, Corneille explique le succès de la comédie par «**l'humeur enjouée**» des personnages qu'elle présente. Dans *L'Illusion comique*, seul Matamore est vraiment ridicule. Plus généralement, le spectateur est invité à sourire de **l'extravagance et des contradictions des personnages**, dont Alidor, «l'amoureux extravagant» de *La Place Royale* (1634), offre l'exemple.

2 • L'influence de la tragi-comédie

• Les comédies de Corneille, peu régulières, sont caractérisées par un certain **mélange des tons**. Elles présentent des actions parfois violentes, de multiples péripéties et rebondissements. On a souvent considéré qu'**elles préparaient les tragédies** qui suivent, et en particulier la figure du héros cornélien, dans la carrière du dramaturge.

• Les comédies de Corneille sont parfois **très proches des tragi-comédies à la mode**, dont l'intrigue repose sur **des aventures héroïques et des amours contrariées**. C'est le cas de *L'Illusion comique*. Corneille, en la qualifiant de « comédie », la rapproche d'un genre reconnu dès l'Antiquité. Mais la pièce joue avec les genres comiques et tragiques, pour mieux manifester la puissance du théâtre.

Les mises en scène de *L'Illusion comique*, ou les pouvoirs de l'illusion

L'Illusion comique est une œuvre complexe qui a été l'objet, ces dernières années, de très nombreuses représentations. Les metteurs en scène contemporains y voient l'occasion d'un questionnement sur les rapports entre la réalité et la fiction, sur les pouvoirs de l'image et du jeu.

UN « ÉTRANGE MONSTRE[1] »

● Lors de sa **mise en scène en 1636**, *L'Illusion comique* a connu un important succès. Elle est représentée pendant trois ans au **théâtre du Marais**, qui avait rouvert ses portes le 31 décembre 1634. Mondory, le directeur de la troupe, avait engagé un acteur spécialisé dans les rôles de fanfarons, auquel est confiée la responsabilité d'incarner le personnage de Matamore. La pièce peut donc être considérée comme **une œuvre de commande**, écrite pour être parfaitement adaptée à la troupe de Mondory et au goût du public de l'époque.

● La pièce a toutefois assez vite dérouté. Considérée comme **peu conforme aux règles classiques**, elle est **délaissée par le public du XVIIIe siècle**.

● **Les romantiques la redécouvrent**, dans une version tronquée, qui ne donne à voir de l'œuvre que les mésaventures de Clindor et de Matamore. La pièce est jouée en **1861** au Théâtre-Français, l'actuelle Comédie-Française.

L'ILLUSION : FICTION ET RÉALITÉ

● C'est **surtout au XXe siècle que la pièce est remise à l'honneur. Louis Jouvet** (1887-1951), le célèbre metteur en scène, en propose son interprétation en **1937**. À l'acte V, il met toutefois en évidence la situation de spectateur d'Alcandre et de Pridamant, ce qui fait disparaître l'effet de surprise provoqué par le coup de théâtre final. Le spectateur ne peut ignorer que les aventures de Clindor sont fictives.

● **Les mises en scène plus récentes s'attachent à préserver la force de l'illusion. Giorgio Strehler, en 1984,** présente au public une mise en scène de la pièce qui a fait date. Il retient le texte de 1639 (date de la publication), mais le titre

---

1. Corneille, *L'Illusion comique*, « À Mademoiselle M. F. D. R. ».

simplifié que Corneille a donné à son œuvre dans l'édition de 1660 : *L'Illusion*. Pour lui, l'illusion n'est pas simplement théâtrale. C'est, plus généralement, celle des hommes face au monde. Le théâtre est une image qui permet de mieux comprendre les contradictions et la fragilité de l'existence.

● Depuis quelques années, l'œuvre est l'objet de **nombreuses mises en scène**. Pour donner une idée de l'intérêt qu'elle suscite, on peut citer les exemples des mises en scène de Frédéric Fisbach et de Brigitte Jaques-Wajeman en 2004 et d'Alain Bézu en 2006, entre autres, ainsi que le projet très original de Mathieu Amalric, qui réalise un téléfilm adapté de l'œuvre et diffusé en 2010.

● **Marion Bierry, dans sa mise en scène de 2007 (→ 3e de couverture, p. 184 et 191)**, souligne le **plaisir du jeu** et la **gaieté** qui émanent de la pièce. Elle livre sa définition de *L'Illusion comique* : « comédie de l'amour étincelante, pleine d'invention, de jeunesse, d'audace, poème emblématique de la mise en abîme où l'on joue à jouer, où Corneille s'amuse à se parodier et semble rire de ses tragédies à venir » (note d'intention de Marion Bierry, mise en scène de 2007). Elle insiste sur la vision que la pièce donne de la **jeunesse**, à laquelle le théâtre offre la liberté de vivre des aventures imaginaires et de se construire un destin, le temps de la représentation.

L'Illusion comique : une comédie ?

L'Illusion comique *est une comédie, dont le registre est parfois comique, parfois tragique ou pathétique. Corneille lui-même, dans l'Examen, notait l'absence d'unité de tons qui caractérise son œuvre : «Le premier acte ne semble qu'un prologue, les trois suivants [...] sont entièrement de la comédie [...]. Le cinquième est une tragédie [...]. Tout cela cousu ensemble fait une comédie.» Dans la pièce, le spectacle de la diversité des registres semble mettre en évidence les pouvoirs et la richesse de l'art du théâtre.*

LE REGISTRE COMIQUE

Corneille veut écrire une comédie. Le théâtre est avant tout pour lui un divertissement. Il joue avec certains stéréotypes de la comédie traditionnelle, comme le personnage de Matamore, le seul, dans la pièce, à faire naître le rire.

1 • La pièce-cadre : une comédie

● **L'intrigue de la pièce-cadre relève de la comédie** : un père, issu de la bourgeoisie bretonne, recherche son fils, avec lequel il a fait preuve d'une autorité excessive et qu'il ne voit plus. Pridamant est un **père typique de la comédie**, de même que Géronte. L'un et l'autre défendent des valeurs anciennes face à leurs enfants, qui revendiquent le droit à vivre et à aimer librement. Ces jeunes gens, contrariés par des pères tyranniques, aidés par une servante rusée, s'inscrivent bien dans un schéma de comédie. Au moment du dénouement, la **réconciliation familiale** est annoncée : Pridamant accepte les choix de son fils.

● La pièce traite également de questions liées à la **vie quotidienne**, comme c'est l'usage dans une comédie. Les problèmes d'**argent**, par exemple, y sont évoqués de manière récurrente. Alcandre fait de Clindor un personnage sans cesse à la recherche des moyens de survivre. L'argent est la motivation essentielle de la présence du jeune homme au service de Matamore : «Il sait avec adresse, en portant les paroles, / De la vaillante dupe attraper les pistoles.» (acte I, scène 3, v. 197-198) **L'argent est aussi ce qui signale le retour du registre comique, au moment du dénouement**. En voyant les comédiens qui partagent leur argent (acte V, scène 6, p. 119), Pridamant comprend que son fils n'est pas mort.

● Corneille, par l'intermédiaire d'Alcandre, insiste sur l'importance du «**plaisir**» au théâtre (acte V, scène 6, v. 1787). Plus que tout autre spectacle sans doute, la comédie a pour ambition de divertir les spectateurs. **Pour le roi lui-même, elle constitue une pause dans les activités guerrières et politiques.** Le théâtre est une agréable récréation, étrangère aux dramatiques enjeux du monde réel, dont la tonalité doit rester légère, et la conclusion heureuse.

2 • Le comique de Matamore

● Matamore fait rire. Le **registre héroï-comique** de son discours met à distance ce qui pourrait relever de l'épique : alors qu'il ne cesse de faire la démonstration de sa lâcheté en s'enfuyant au moindre danger (acte III, scènes 4, 7 et 11), et qu'il est raillé par Isabelle, Matamore se présente, à l'aide de nombreuses **hyperboles**, comme un formidable guerrier et comme un séducteur auquel toutes les femmes sont soumises.

● Le comique repose également sur les marques d'**ironie** présentes dans les répliques que Clindor et Isabelle adressent à Matamore. Les **hyperboles de Clindor, qui répondent aux tirades fanfaronnes de son maître, en soulignent les excès et la dimension fictive.** Clindor prête en effet à Matamore l'invraisemblable exploit d'avoir « rasé quinze châteaux, aplani deux montagnes » (acte II, scène 4, v. 453).

LA DIVERSITÉ DES REGISTRES

L'Illusion comique ne répond pas à l'exigence classique d'unité de ton. La diversité des registres y est liée à l'influence de la pastorale et de la tragi-comédie, dont l'intrigue est souvent empreinte de romanesque, ainsi que de la tragédie.

1 • Des péripéties romanesques et tragi-comiques

● Au début du siècle, la **pastorale dramatique** et le **roman pastoral** connaissent d'importants succès. *L'Astrée* d'Honoré d'Urfé, roman publié à partir de 1607, présente un druide, Adamas, qui aide Céladon, désespéré d'avoir perdu celle qu'il aime. Dans le roman ou sur la scène, la pastorale traite de questions relatives à l'amour, en faisant souvent intervenir la **magie**. L'intrigue s'inscrit dans un **cadre bucolique et idéalisé**, dont la **grotte** constitue une image, dans la pièce de Corneille.

● **Les actes II, III et IV de *L'Illusion comique* multiplient les péripéties :** meurtre, emprisonnement, condamnation à mort et évasion. Ces péripéties, qui reprennent celles des **romans héroïques** à succès, sont caractéristiques du **genre de la tragi-comédie, qui privilégie l'intérêt dramatique,** et dont la fin est heureuse.

2 • La menace du tragique

• À partir de l'acte IV, le spectateur a des raisons de craindre pour la vie de Clindor. Dans son **monologue** dominé par le **registre pathétique**, à la scène 7 de l'acte IV, le personnage fait part de son désespoir face à une injuste condamnation à mort. En **héros tragique**, il parvient toutefois à maîtriser sa peur. Il rappelle l'importance pour lui de **l'honneur,** qui le fait accepter de se sacrifier pour Isabelle : « Je meurs trop glorieux, puisque je meurs pour vous » (acte IV, scène 7, v. 1256).

• **L'acte V est une tragédie.** Il présente **des personnages de haut rang,** issus de la noblesse, confrontés à des **situations graves. Rosine est une héroïne tragique,** qui veut se venger de Clindor, qu'elle qualifie de « traître » (acte V, scène 4, v. 1641). Elle établit elle-même un rapprochement entre son destin et celui de Phèdre qui, par dépit amoureux, « contre Hippolyte aveugla bien Thésée » (acte V, scène 4, 1658). **La fin de cet acte, comme celle de toute tragédie, est malheureuse** : Clindor et Rosine sont assassinés et Isabelle enlevée, pour satisfaire le prince Florilame.

• Mais cet acte ne connaît **pas de véritable dénouement.** Alors que le spectateur attend les funérailles de Clindor, il assiste finalement au partage de la recette du spectacle. La pièce laisse entrevoir la menace du tragique, pour la mettre immédiatement à distance. L'illusion qu'elle crée semble avoir pour fonction de **dédramatiser les angoisses que nous inspire le monde réel,** et en particulier une peur essentielle, ressentie par Pridamant pour son fils : celle de la mort.

Des personnages et des acteurs

*Dans l'*Examen, *Corneille affirme que «le style et les personnages [de* L'Illusion comique*] sont entièrement de la comédie». Les personnages, à l'exception de Matamore, ne se confondent toutefois pas avec les types comiques traditionnels. Plus complexes, plus graves, ils expriment leur souffrance et évoluent au cours de la pièce. Le procédé du «théâtre dans le théâtre» leur confère également un rôle supplémentaire: celui de spectateurs ou de metteur en scène de la pièce représentée et, surtout, celui d'acteurs.*

LES PERSONNAGES DE LA PIÈCE-CADRE : ALCANDRE ET PRIDAMANT

Alcandre et Pridamant sont les personnages de la pièce-cadre, qui restent extérieurs à l'«illusion»: Alcandre, parce qu'il la fait naître; Pridamant, parce qu'il en est le spectateur privilégié.

1 • Un metteur en scène et dramaturge : Alcandre

• Le premier acte s'ouvre sur le portrait que Dorante fait d'Alcandre, «ce **grand mage** dont l'art commande à la nature» (acte I, scène 1, v. 1) et la pièce se clôt sur l'hommage que lui rend Pridamant (acte V, scène 6, v. 1822-1824). Ce **mystérieux personnage** a un rôle essentiel, car c'est lui qui **rend possible l'illusion**. Il est doté **d'authentiques pouvoirs magiques** et ne se confond pas avec les «novices de l'art» dont il critique l'impuissance (acte I, scène 2, v. 127).

• Face à Pridamant, Alcandre se révèle surtout **fin psychologue**. L'illusion qu'il crée doit être une **thérapie** pour le père de Clindor. Alcandre s'inquiète de l'émotion que le spectacle lui inspire. À la fin de l'acte III, au moment où la tragédie menace, il intervient pour faire à Pridamant cette **annonce rassurante**: «Vous le verrez bientôt heureux en ses amours» (acte III, scène 12, v. 980).

• Alcandre est également **un metteur en scène et un dramaturge très efficace.** Après avoir fait le récit des aventures de Clindor (acte I, scène 3), il ménage de nombreux effets de suspens, avant de révéler progressivement à Pridamant que son fils est comédien, dans le dénouement. Les «spectres pareils à des corps animés» (acte I, scène 2, v. 152) qu'il présente au père de Clindor sont en effet **des acteurs.** Sa mise en scène et son **éloge final du théâtre** font probablement de lui **un porte-parole de Corneille.**

2 • Un spectateur : Pridamant

• À l'image de la plupart des **pères traditionnels de la comédie**, Pridamant est un père caractérisé par son « injuste rigueur » (acte I, scène 2, v. 111). Son **autorité excessive** est à l'origine de la rupture de ses relations avec son fils. **Il peut ainsi être rapproché de Géronte**, qui n'a pas su, lui non plus, comprendre Isabelle.

• Mais Pridamant ne partage pas l'aveuglement autoritaire du père d'Isabelle. **Son inquiétude et ses remords le rendent beaucoup plus émouvants que Géronte.** Il laisse par exemple échapper cette exclamation **pathétique**, au moment où Clindor est emmené en prison : « Hélas ! mon fils est mort ! » (acte III, scène 12, v. 977). Le dénouement de la pièce constitue pour lui un spectacle insupportable. C'est pourquoi, il fait cette tragique annonce : « Adieu, je vais mourir, puisque mon fils est mort » (acte V, scène 6, v. 1740).

• Pridamant incarne surtout la **figure du spectateur**, subjugué par la mise en scène qu'on lui présente. Le spectacle doit apaiser ses souffrances de père. Il lui fait également prendre conscience de ses préjugés contre le théâtre et l'aide à s'en libérer. En **spectateur idéal, intelligent et ouvert d'esprit**, Pridamant se laisse convaincre par Alcandre et accepte de considérer que le théâtre est un art noble et moral.

DES ACTEURS : MATAMORE, CLINDOR, ISABELLE ET LISE

Matamore, Clindor, Isabelle et Lise sont les personnages d'une comédie qui se mue finalement en tragédie. Le spectateur est invité à suivre leurs mésaventures sentimentales, avant d'avoir peur de la catastrophe qui les menace. Les personnages sont en fait désignés comme les acteurs de ce dernier acte de tragédie et le spectacle comme une illusion.

1 • Matamore, le mauvais acteur

• Les origines du personnage de Matamore remontent à l'Antiquité. Il correspond au **type comique du soldat fanfaron** (*miles gloriosus*, en latin). Matamore est également un personnage de la *commedia dell'arte*. Son nom, tiré de l'espagnol, fait de lui un tueur de « mores » ou « maures », un guerrier, qui ne cesse de se vanter de ses exploits et qui a même **l'audace de se présenter en maître de Jupiter** (voir acte II, scène 2, v. 276-281).

• Matamore est cependant caractérisé par sa **lâcheté**. Dans son monologue, ses frissons et son angoisse trahissent sa peur (acte III, scène 7). Pour Clindor, il est le «souverain poltron» (acte III, scène 5, v. 763). La réalité ne cesse de démentir ses discours, caractérisés par le **registre héroï-comique** : les excès du personnage, qui prétend que «le seul bruit de [s]on nom renverse les murailles» (acte II, scène 2, v. 233), discréditent la dimension héroïque des exploits qu'il prétend avoir accomplis. Il finit par avouer lui-même sa poltronnerie, en s'enfuyant après s'être caché chez Isabelle durant quatre jours, pour échapper aux valets de Géronte (acte IV, scène 4).

- Matamore est aussi **un amant ridicule**, qui évoque avec un orgueil démesuré ce qu'il s'imagine être ses conquêtes amoureuses. Il se présente comme soumis à Isabelle, mais **il use de manière caricaturale du langage de la galanterie.** Lorsqu'il découvre la trahison de Clindor, il se révèle d'ailleurs moins attaché à la jeune femme qu'il ne le prétendait : sous la menace de Clindor, il lui accorde la main d'Isabelle. Il ose présenter son inconstance comme un choix, alors qu'elle est simplement le masque de sa lâcheté.

- Matamore est un personnage qui incarne l'**illusion** : il ne cesse de vouloir paraître ce qu'il n'est pas. Son existence ne repose que sur les mots, qu'il aime utiliser avec une **fantaisie verbale** dont témoigne, par exemple, la longue énumération des parties de la maison qui s'enflammeraient sous les étincelles de son épée (voir acte III, scène 4). Mais c'est **un acteur ridicule**, qui se donne en spectacle face à Clindor et Isabelle, en particulier, spectateurs à la fois ironiques et complaisants, qui finissent par se lasser de son jeu. Lorsqu'il est contraint d'avouer sa peur et de renoncer à son masque de héros, il n'a plus d'autre choix que de quitter la scène (acte IV, scène 4).

2 • Clindor ou le plaisir du jeu

- Clindor, le fils de Pridamant, mène une **vie aventureuse.** Il a exercé diverses activités, dans une forme de marginalité, avant de se faire le domestique de Matamore. Son existence le rapproche du **héros picaresque** et le prépare au métier de comédien. Il s'est d'ailleurs choisi un pseudonyme : «Clindor, le sieur de la Montagne» (acte I, scène 3, v. 206). Il s'agissait d'une pratique commune : on sait que Jean-Baptiste Poquelin avait pris le célèbre pseudonyme de Molière (1622-1673).

- Clindor est **un personnage qui veut faire de sa vie un jeu.** Il se moque de Matamore, dont il feint d'admirer les exploits. Il joue également avec l'amour. Il se présente comme amoureux d'Isabelle, mais il n'hésite pas à séduire Lise (voir acte III, scène 5). **Infidèle**, il justifie même l'adultère, en invoquant la faiblesse de l'homme (acte V, scène 3). À Rosine, amoureuse déçue qui se compare elle-même à Phèdre (voir acte V, scène 4, v. 1658), il a l'audace de faire la leçon : « Madame, il faut apprendre à vous vaincre vous-même » (acte V, scène 4, v. 1686).

● La **profession de comédien** est certainement la seule adaptée à ce jeune homme : elle lui permet de s'inventer un destin, sans se mettre en danger ni enfreindre les règles de la morale. Alors qu'il est en **prison** et en passe d'être exécuté, Clindor se livre à un monologue dominé par le registre **pathétique** (acte IV, scène 7). Il n'est sauvé que par un coup de théâtre, organisé par Lise. À l'acte V, son **assassinat** pourrait même constituer un dénouement tragique à la pièce. Mais là encore, le théâtre vient le sauver. Clindor aime jouer, et il sait que le jeu permet de tenir la tragédie à distance.

3 • Isabelle et Lise : le jeu des femmes

Isabelle, une femme sincère

● Isabelle joue avec Matamore, dont elle se moque. Mais, avec les autres personnages, c'est **une jeune femme sincère**. Elle est amoureuse de Clindor, et repousse avec fermeté les tentatives de séduction d'Adraste. Elle se montre **désintéressée**, car Clindor ne lui offre pas la condition d'Adraste, un vrai noble, qui se révèle toutefois bien peu sympathique. Elle tient à Clindor ces propos, qui témoignent de sa **grandeur d'âme** : « Qui regarde les biens, ou la condition, / N'a qu'un amour avare ou plein d'ambition » (acte II, scène 5, v. 507-508).

● Elle sait aussi faire preuve de **force de caractère face à son père**, auquel elle résiste en invoquant son « heur » et son « repos » (acte III, scène 1, v. 664). Elle envisage même le suicide au moment où Clindor est condamné pour le meurtre d'Adraste. Elle se résigne finalement à l'infidélité de Clindor, auquel elle donne ce conseil : « Cours après tes plaisirs, mais assure ta vie » (acte V, scène 3, v. 1538). Son inquiétude, plus forte que sa jalousie, fait d'elle **un personnage émouvant.**

Lise, une comédienne parfaite

● Lise est une servante particulièrement **intelligente**, qui a une grande influence sur l'action. C'est **une parfaite actrice**. Auprès d'Isabelle, sa maîtresse, elle joue un double jeu. Par **dépit amoureux**, elle trahit secrètement Isabelle et Clindor, en révélant à Adraste leur amour. Elle sait également se montrer très **habile et manipulatrice**. Afin de **maîtriser le jeu**, elle choisit de feindre des sentiments pour le geôlier, ce qui lui permet d'obtenir la libération de Clindor et d'affirmer avec orgueil : «Ainsi, Clindor, je fais moi seule ton destin» (acte IV, scène 3, v. 1144).

● Mais Lise est une servante au **caractère complexe**. Corneille le reconnaît lui-même : «Lise, en la sixième scène du troisième acte, semble s'élever un peu trop au-dessus du caractère de servante» (*Examen*). Ce n'est pas un personnage comique mais, au contraire, **un personnage en proie à un dilemme cornélien : elle doit choisir entre son amour et son honneur**. Au terme d'un monologue aux accents **tragiques**, elle prend cette décision : «N'écoutons plus l'amour pour un tel suborneur, / Et laissons à la haine assurer mon honneur» (acte III, scène 6, v. 851-852). Elle s'effraie toutefois face à la cruauté de la vengeance qui menace Clindor et accepte une **aventure romanesque** avec le geôlier. Avec une forme d'**héroïsme**, elle surmonte sa jalousie et montre, en choisissant le mariage contre la «folle passion» (acte IV, scène 3, v. 1156) qu'elle a su se vaincre elle-même.

Les personnages de la pièce ne sont donc pas des types comiques traditionnels, à l'exception de Matamore : ils ne font pas rire. Ils nous séduisent et nous émeuvent. En jouant un rôle, ils nous permettent également de réfléchir sur la puissance de l'illusion.

La comédie de l'illusion

Le « théâtre dans le théâtre », qui est à l'origine de la structure enchâssée de la pièce, invite à réfléchir sur les pouvoirs de l'art dramatique. Il place également au cœur de la comédie la question de l'illusion[1]. En jouant sur la complexité des rapports entre la mise en scène et le monde, il montre qu'il est imprudent d'opposer le réel et la fiction, l'être et le paraître, la vie et la mort. Ce que nous regardons généralement comme des certitudes repose sur des jugements hâtifs et parfois erronés. La pièce révèle ainsi la valeur pédagogique du théâtre : à travers le plaisir qu'il fait naître, il permet aux personnages de se guérir de leurs préjugés et d'accepter les vertus de l'inconstance.

UN ÉLOGE DU THÉÂTRE

Corneille, par l'intermédiaire d'Alcandre, fait l'éloge du théâtre : l'art dramatique est un métier, qu'il importe de réhabiliter, car il aide les hommes à mieux vivre et à se divertir.

1 • Le métier de comédien

• Face à Pridamant, un bon bourgeois, Alcandre insiste sur le fait que **la comédie permet de gagner de l'argent**. Il considère que « le théâtre est un fief dont les rentes sont bonnes » (acte V, scène 6, v. 1802). Ce **succès** est lié au goût du public et attire de nouveaux auteurs. S'il faut attendre Beaumarchais (1732-1799), au siècle suivant, pour que la notion de droit d'auteur s'affirme, Corneille n'en montre pas moins son **attention à la valeur économique du théâtre**.

• À une **époque où les comédiens pouvaient être méprisés et considérés comme des débauchés et des impies, en particulier par les dévots**, il importe, pour Corneille, de rappeler l'honorabilité de ce métier. En écho à l'intérêt du pouvoir pour le théâtre (voir repère 3), le dramaturge insiste sur son importance sociale, politique et culturelle : **il est un facteur d'unité pour Paris et la province, les nobles et le peuple, rapprochés par le plaisir de la représentation** (acte V, scène 6, v. 1785-1787).

2 • La magie du théâtre

• Comme tout spectacle magique, le théâtre fascine les spectateurs : **chacun « l'idolâtre »** (acte V, scène 6, v. 1782), ce qui suggère la dimension quasi sacrée qui

---

1. Dans l'édition de 1660, Corneille effectue de nombreux remaniements. L'un des changements essentiels concerne le titre de la pièce, qui devient simplement *L'Illusion*.

lui est conférée. Le plaisir qu'il fait naître repose sur **l'imagination** et **l'émotion**. Pour Pridamant, c'est **une thérapie, qui soulage de l'angoisse et de la solitude**.

● **La véritable magie que présente la pièce n'est pas celle d'Alcandre, mais celle du théâtre.** L'art théâtral, tout-puissant, permet à des « spectres » de parler et à des personnages de mourir, puis de réapparaître en-dehors de la scène, ce qui constitue presque une résurrection. Le théâtre suppose donc une âme « assez hardie » (acte I, scène 2, v. 149), car il autorise un jeu libre et audacieux sur les **limites entre la vie et la mort**.

L'ILLUSION, UN INSTRUMENT DE LA CONNAISSANCE DE SOI ET DU MONDE

Le « théâtre dans le théâtre », procédé essentiel du théâtre baroque, invite le spectateur à renoncer à toute vérité absolue et définitive. Il est à l'origine d'un apprentissage intellectuel et moral : si la réalité et les apparences se rejoignent, l'homme doit apprendre à maîtriser son image sur le théâtre du monde.

1 • La nécessaire maîtrise de l'illusion

● Matamore est l'exemple de la **folie à laquelle peut conduire l'exercice incontrôlé de l'imagination.** Il vit entièrement dans l'illusion. Son discours, dominé par les **certitudes**, n'est pas contredit par les autres personnages, qui entrent la plupart du temps dans son jeu. Seul Géronte est sincère avec lui, ce qui lui inspire cette réaction offusquée : « Il a perdu le sens de me parler ainsi ! » (acte III, scène 3, v. 724). Pour Matamore, prisonnier de son imagination et de ses illusions, la vérité est une folie.

● La sagesse impose de prendre conscience des incertitudes qui gouvernent le monde et de **maîtriser le jeu**, comme le fait Alcandre en créant l'illusion. **En devenant comédien, Clindor s'efforce lui aussi de ne pas subir son destin. C'est paradoxalement le choix du paraître qui lui permet de se construire une identité** et d'échapper à l'instabilité de son existence antérieure. Alcandre insiste d'ailleurs sur l'importance pour le jeune homme du **vêtement** et de l'« équipage », qu'il demande à Pridamant d'admirer, dès le début du spectacle (acte I, scène 2, v. 134).

2 • L'apprentissage de l'incertitude

● **La conscience des incertitudes fait progresser les hommes dans la voie de la connaissance du monde et de soi. Comme les hommes prisonniers de la caverne,** dans l'**allégorie de Platon**[1], qui ne voient du monde que des ombres projetées sur un mur, Pridamant ne sait pas que la grotte lui offre le spectacle d'une illusion. C'est Alcandre qui lui apprend à **se méfier des sens**. **Le fait de tirer le rideau permet à Pridamant d'avoir accès à la réalité**, comme le montre la répétition du verbe « voir » : « Je vois Clindor, Rosine. Ah ! Dieu ! quelle surprise ! / Je vois leur assassin, je vois sa femme et Lise ! » (acte V, scène 6, v. 1749-1750). **Il est enfin désabusé** : il a pris conscience de la **fragilité de ses certitudes**, qui l'ont conduit à mépriser le théâtre et à rompre toute relation avec son fils.

• Sur le plan moral, il importe de **relativiser certaines valeurs que l'on croyait absolues**. La pièce nous montre que **la constance et la fidélité sont des illusions**. Clindor tente de justifier les aléas du désir et demande à Isabelle de l'excuser, au nom de la faiblesse de l'homme : « Souffre une folle ardeur qui ne vivra qu'un jour, / Et n'affaiblit en rien un conjugal amour » (acte V, scène 3, v. 1511-1512). Alcandre insiste sur le **mouvement incessant qui préside à l'existence humaine** : « Ainsi de notre espoir la fortune se joue, / Tout s'élève ou s'abaisse au branle de sa roue » (acte V, scène 6, v. 1725-1726).

• Sur la scène comme dans la vie, tout semble **provisoire**, ce qui doit inspirer à chacun à la fois de l'humilité et de l'espoir : au malheur succèdent inéluctablement des circonstances plus favorables. Face aux difficultés, la sagesse imposerait donc de garder **confiance**, d'autant plus que la **liberté** donne aux hommes la capacité de faire des choix et de changer leur histoire.

---

1. Platon (428-427 av. J.-C.-348-347 av. J.-C.), *La République*.

La mise en scène de l'irrationnel

Dans L'Illusion comique, Alcandre est un personnage de magicien dont le rôle est de rendre possible l'illusion. Le théâtre baroque est marqué par l'importance accordée à l'irrationnel, c'est-à-dire à toutes les manifestations étrangères à la raison : la folie, le rêve, la magie ou la sorcellerie. L'irrationnel est présent sur la scène dès l'Antiquité. La dramaturgie classique, fondée sur l'exigence de vraisemblance, lui laisse une place plus restreinte. Aux XVIIe et XVIIIe siècles, il finit même par renvoyer aux passions des hommes, à leurs faiblesses, ou à l'obscurantisme des siècles précédents. Le théâtre contemporain exprime davantage de méfiance à l'égard de la raison. L'irrationnel, qu'il soit lié à la folie des hommes ou aux diverses formes de croyances, n'en est pas exclu. Comment peut-on donner à voir ce que la raison ne parvient pas à penser ? Le théâtre ne confronte-t-il pas nécessairement le spectateur aux limites de la raison, à «l'illusion»?

DOCUMENT 1

SÉNÈQUE, *Phèdre* (Ier siècle) ♦ acte IV, scène 1

Sénèque (4 av. J.-C.-65 ap. J.-C.) est un philosophe latin, mais aussi un auteur de tragédies. Son théâtre est souvent violent : les héros, en proie à la souffrance, succombent à une forme de folie (furor) qui les pousse à commettre d'abominables crimes. Dans l'extrait de Phèdre, *le messager rend compte de la mort d'Hippolyte à Thésée, son père, qui l'avait maudit car il le croyait coupable d'avoir séduit Phèdre, son épouse. Ce récit est repris par Théramène, dans le dénouement de la pièce de Racine (*Phèdre, 1677*).*

THÉSÉE, LE MESSAGER

LE MESSAGER. – [...] Enfin cette masse heurte le rivage, se brise, et vomit un monstre qui surpasse nos craintes. La mer entière s'élance sur le bord, et suit le monstre qu'elle a enfanté. L'épouvante a glacé nos cœurs.

THÉSÉE. – De quelle forme était ce monstre énorme ?

LE MESSAGER. – Taureau impétueux, son cou est azuré[1] ; une épaisse crinière se dresse sur son front verdoyant ; ses oreilles sont droites et velues : ses cornes, de diverses couleurs, rappellent les taureaux qui paissent dans nos plaines, et ceux qui composent les troupeaux de Neptune[2]. Ses yeux tantôt jettent des flammes,

---

1. Azuré : de la couleur bleue du ciel. | **2. Neptune :** dieu romain des mers et des océans.

et tantôt brillent d'un bleu étincelant ; ses muscles se gonflent affreusement sur
10 son cou énorme ; il ouvre en frémissant ses larges naseaux ; une écume épaisse
et verdâtre découle de sa poitrine et de son fanon[1] ; une teinte rouge est
répandue le long de ses flancs ; enfin, par un assemblage monstrueux, le reste
de son corps est écaillé, et se déroule en replis tortueux. Tel est cet habitant des
mers lointaines, qui engloutit et rejette les vaisseaux. La terre voit ce monstre
15 avec horreur ; les troupeaux effrayés se dispersent ; le pâtre[2] abandonne ses
génisses[3] ; les animaux sauvages quittent leurs retraites, et les chasseurs eux-
mêmes sont glacés d'épouvante. Le seul Hippolyte, inaccessible à la peur, arrête
ses coursiers[4] d'une main ferme, et, d'une voix qui leur est connue, s'efforce de
les rassurer. [...] Les coursiers épouvantés, et sourds à la voix de leur maître,
20 cherchent à se dégager des traits ; ils se cabrent, et renversent le char. Le jeune
prince tombe embarrassé dans les rênes, et le visage contre terre. [...] Hélas !
nos soins n'ont pu rassembler encore tous les restes de votre fils. Voilà ce prince
naguère si beau ! voilà celui qui partageait glorieusement le trône de son père,
et qui devait lui succéder un jour ! Ce matin il brillait comme un astre ;
25 maintenant ses membres épars sont ramassés pour le bûcher.

DOCUMENT 2

PIERRE CORNEILLE, *L'Illusion comique* (1635) ♦ acte I, scène 2, v. 89-136

*Pridamant veut consulter le magicien Alcandre pour avoir des nouvelles de son
fils, qu'il cherche depuis dix ans. Dorante, son ami, l'accompagne et le soutient
dans cette démarche destinée à lui redonner espoir.*

DOCUMENT 3

MOLIÈRE, *Dom Juan* (1663) ♦ acte V, scènes 5 et 6

*Dom Juan est un personnage qui refuse l'irrationnel. La seule croyance de
ce libertin, étranger à la fois à la religion et aux règles traditionnelles de la morale,
est que « deux et deux sont quatre » (acte III, scène 1). Au dénouement, après de
multiples avertissements, il reçoit le châtiment de son audace. L'irruption de
l'irrationnel sur la scène rappelle la puissance du sacré, auquel aucun homme ne peut
s'attaquer impunément.*

1. **Fanon :** lame cornée, garnissant
la bouche de certains cétacés.
2. **Pâtre :** berger.

3. **Génisses :** jeunes vaches.
4. **Coursiers :** grands chevaux.

Scène 5

DOM JUAN, UN SPECTRE *en femme voilée*, SGANARELLE

LE SPECTRE, *en femme voilée*. – Dom Juan n'a plus qu'un moment à pouvoir profiter de la miséricorde[1] du Ciel ; et s'il ne se repent ici, sa perte est résolue[2].

SGANARELLE. – Entendez-vous, Monsieur ?

DOM JUAN. – Qui ose tenir ces paroles ? Je crois connaître cette voix.

SGANARELLE. – Ah ! Monsieur, c'est un spectre : je le reconnais au marcher.

DOM JUAN. – Spectre, fantôme, ou diable, je veux voir ce que c'est.

Le Spectre change de figure, et représente le temps avec sa faux[3] à la main.

SGANARELLE. – Ô Ciel ! voyez-vous, Monsieur, ce changement de figure ?

DOM JUAN. – Non, non, rien n'est capable de m'imprimer de la terreur, et je veux éprouver avec mon épée si c'est un corps ou un esprit.

Le Spectre s'envole dans le temps que Dom Juan le veut frapper.

SGANARELLE. – Ah ! Monsieur, rendez-vous à tant de preuves, et jetez-vous vite dans le repentir.

DOM JUAN. – Non, non, il ne sera pas dit, quoi qu'il arrive, que je sois capable de me repentir. Allons, suis-moi.

Scène 6

LA STATUE, DOM JUAN, SGANARELLE

LA STATUE. – Arrêtez, Dom Juan : vous m'avez hier donné parole de venir manger avec moi.

DOM JUAN. – Oui. Où faut-il aller ?

LA STATUE. – Donnez-moi la main.

DOM JUAN. – La voilà.

LA STATUE. – Dom Juan, l'endurcissement au péché[4] traîne[5] une mort funeste, et les grâces du Ciel que l'on renvoie ouvrent un chemin à sa foudre[6].

DOM JUAN. – Ô Ciel ! que sens-je ? Un feu invisible me brûle, je n'en puis plus, et tout mon corps devient un brasier ardent. Ah !

---

1. **Miséricorde :** pitié, clémence.
2. **Résolue :** décidée.
3. La faux est l'un des attributs du Temps et une image de la mort.

4. **Endurcissement au péché :** persévérance dans le vice, refus de se repentir de ses péchés.
5. **Traîne :** a pour conséquence, conduit à.
6. **Foudre :** châtiment divin.

*Le tonnerre tombe avec un grand bruit et de grands éclairs sur Dom Juan ; la terre
s'ouvre et l'abîme[1] ; et il sort de grands feux de l'endroit où il est tombé.*

25 SGANARELLE. – Ah ! mes gages ! mes gages[2] ! Voilà par sa mort un chacun satisfait :
Ciel offensé, lois violées, filles séduites, familles déshonorées, parents outragés,
femmes mises à mal, maris poussés à bout, tout le monde est content. Il n'y a
que moi seul de malheureux. Mes gages ! Mes gages ! Mes gages !

DOCUMENT 4

DENIS DIDEROT, *Le Fils naturel* (1757) ♦ acte IV, scène 3

Le siècle des Lumières est celui de la confiance en la raison. Dans Le Fils naturel,
*un drame bourgeois, Diderot a pour ambition de présenter les épreuves qu'un
individu, dans sa vie quotidienne, surmonte grâce à la vertu. Pour Constance et
Dorval, se pose la question d'avoir des enfants. Constance envisage avec optimisme
un avenir marqué par la fin de la barbarie.*

CONSTANCE, DORVAL

DORVAL. – La folie et la misère de l'homme m'épouvantent. Combien
d'opinions monstrueuses dont il est tour à tour l'auteur et la victime ? Ah !
Constance, qui ne tremblerait d'augmenter le nombre de ces malheureux
qu'on a comparés à des forçats qu'on voit dans un cachot funeste,

5   *Se pouvant secourir, l'un sur l'autre acharnés,*
         Combattre avec les fers dont ils sont enchaînés[3] ?

CONSTANCE. – Je connais les maux que le fanatisme a causés, et ceux qu'il en
faut craindre Mais s'il paraissait aujourd'hui... parmi nous... un monstre tel
qu'il en a produit dans les temps de ténèbres où sa fureur et ses illusions
10   arrosaient de sang cette terre... qu'on vît ce monstre s'avancer au plus grand
des crimes en invoquant le secours du ciel... et tenant la loi de son Dieu
d'une main, et de l'autre un poignard, préparer aux peuples de longs
regrets... croyez, Dorval qu'on en aurait autant d'étonnement que d'horreur.
Il y a sans doute encore des barbares ; et quand n'y en aura-t-il plus ? Mais les
15   temps de barbarie sont passés. Le siècle s'est éclairé. La raison s'est épurée.

---

1. L'abîme : l'engloutit, le plonge dans un abîme.
2. Sganarelle rappelle que Dom Juan lui
doit de l'argent.

3. Voltaire, *Poème sur la loi naturelle* (1756),
IIIe partie, v. 371-372.

Ses préceptes remplissent les ouvrages de la nation. Ceux où l'on inspire aux hommes la bienveillance générale sont presque les seuls qui soient lus. Voilà les leçons dont nos théâtres retentissent, et dont ils ne peuvent retentir trop souvent.

DOCUMENT 5

ALFRED DE MUSSET, *Les Caprices de Marianne* (1833) ♦ scène 1

Octave est l'ami de Cœlio, qui est amoureux de Marianne, jeune femme mariée à un vieil homme jaloux. Il tente de l'aider, car il est le cousin de Marianne. Il mène également une vie très déréglée : déguisé en Arlequin, il vient de faire la fête durant huit jours. Cœlio, au contraire, est d'humeur triste et s'inquiète de la joyeuse inconscience de son ami.

OCTAVE. – Parle, Cœlio, mon cher enfant. Veux-tu de l'argent ? Je n'en ai plus. Veux-tu des conseils ? Je suis ivre. Veux-tu mon épée ? Voilà une batte d'Arlequin[1]. Parle, parle, dispose de moi.

CŒLIO. – Combien de temps cela durera-t-il ? Huit jours hors de chez toi ! Tu te tueras, Octave.

OCTAVE. – Jamais de ma propre main, mon ami, jamais : j'aimerais mieux mourir que d'attenter à mes jours.

CŒLIO. – Et n'est-ce pas un suicide comme un autre, que la vie que tu mènes !

OCTAVE. – Figure-toi un danseur de corde, en brodequins[2] d'argent, le balancier au poing, suspendu entre le ciel et la terre ; à droite et à gauche, de vieilles figures racornies, de maigres et pâles fantômes, des créanciers agiles, des parents et des courtisans, toute une légion de monstres, se suspendent à son manteau et le tiraillent de tous côtés pour lui faire perdre l'équilibre ; des phrases redondantes, de grands mots enchâssés cavalcadent autour de lui ; une nuée de prédictions sinistres l'aveugle de ses ailes noires. Il continue sa course légère de l'Orient à l'Occident. S'il regarde en bas, la tête lui tourne ; s'il regarde en haut, le pied lui manque. Il va plus vite que le vent, et toutes les mains tendues autour de lui ne lui feront pas renverser une goutte de la coupe joyeuse qu'il porte à la sienne. Voilà ma vie, mon cher ami ; c'est ma fidèle image que tu vois.

CŒLIO. – Que tu es heureux d'être fou !

OCTAVE. – Que tu es fou de ne pas être heureux !

---

1. La batte est l'un des attributs traditionnels du personnage d'Arlequin.

2. Brodequins : chaussures qui couvrent le pied et une partie de la jambe, portées, entre autres, par les acteurs de comédie.

DOCUMENT 6

PAUL CLAUDEL, *Le Soulier de Satin ou le pire n'est pas toujours sûr* (1924),
© Éditions Gallimard

Le Soulier de Satin est une très longue pièce, divisée en quatre journées, qui s'éloigne radicalement de toute ambition réaliste. Dans l'extrait suivant, l'annoncier dénonce l'illusion théâtrale et met en place les éléments du décor, ainsi que la valeur religieuse du spectacle qu'il présente.

L'ANNONCIER, *un papier à la main, tapant fortement le sol avec sa canne, annonce :*
Le Soulier de Satin *ou* Le pire n'est pas toujours sûr.
Action espagnole en quatre journées.

Personnages de la première journée

5   L'ANNONCIER. LE PÈRE JÉSUITE. DON PÉLAGE. DON BALTHAZAR.
DOÑA PROUHÈZE (DOÑA MERVEILLE). DON CAMILLE.
DOÑA ISABEL. DON LUIS. LE ROI D'ESPAGNE. LE CHANCELIER.
DON RODRIGUE. LE CHINOIS. LA NÉGRESSE JOBARBARA.
LE SERGENT NAPOLITAIN. DON FERNAND. DOÑA MUSIQUE
10   (DOÑA DÉLICES). L'ANGE GARDIEN. L'ALFÉRÈS. SOLDATS.

La scène de ce drame est le monde et plus spécialement l'Espagne à la fin du XVIᵉ siècle. À moins que ce ne soit au début du XVIIIᵉ [...]

Encore un petit coup de trompette. Coup prolongé de sifflet comme pour la manœuvre d'un bateau. Le rideau se lève.

Scène 1

L'ANNONCIER, LE PÈRE JÉSUITE

L'ANNONCIER. – Fixons, je vous prie, mes frères, les yeux sur ce point de l'Océan Atlantique qui est à quelques degrés au-dessous de la Ligne à égale distance de l'Ancien et du Nouveau Continent. On a parfaitement bien représenté ici l'épave d'un navire démâté qui flotte au gré des courants. Toutes les grandes
15   constellations de l'un et de l'autre hémisphère, la Grande Ourse, la Petite Ourse, Cassiopée, Orion, la Croix du Sud, sont suspendues en bon ordre comme d'énormes girandoles[1] et comme de gigantesques panoplies autour du ciel. Je pourrais les toucher avec ma canne. Autour du ciel. Et ici-bas

---

1. Girandoles : chandeliers à plusieurs branches.

un peintre qui voudrait représenter l'œuvre des pirates – des Anglais
probablement – sur ce pauvre bâtiment espagnol, aurait précisément l'idée
de ce mât, avec ses vergues et ses agrès[1], tombé tout au travers du pont, de ces
canons culbutés, de ces écoutilles ouvertes, de ces grandes taches de sang et
de ces cadavres partout, spécialement de ce groupe de religieuses écroulées
l'une sur l'autre. Au tronçon du grand mât est attaché un Père Jésuite, comme
vous voyez, extrêmement grand et maigre. La soutane déchirée laisse voir
l'épaule nue. Le voici qui parle comme il suit : « Seigneur, je vous remercie
de m'avoir ainsi attaché...» Mais c'est lui qui va parler. Écoutez bien, ne
toussez pas et essayez de comprendre un peu. C'est ce que vous ne
comprendrez pas qui est le plus beau, c'est ce qui est le plus long qui est le plus
intéressant et c'est ce que vous ne trouverez pas amusant qui est le plus drôle.
(Sort l'Annoncier).

---

1. Ses vergues et ses agrès : éléments relatifs à la voilure d'un bateau.

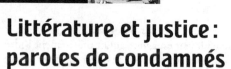
Littérature et justice : paroles de condamnés

Victimes de la censure ou de toutes les formes de restrictions imposées à la liberté de pensée, beaucoup d'écrivains ont été emprisonnés, en particulier sous l'Ancien Régime. Lorsqu'ils ne l'ont pas eux-mêmes vécue, ils se sont souvent inspirés de cette expérience d'enfermement. Ils écrivent pour dénoncer l'arbitraire et la cruauté des décisions judiciaires. C'est l'occasion pour eux d'exprimer la souffrance du condamné, voire de réfléchir sur les sentiments de l'homme à l'approche de la mort. L'expérience de la prison permet parfois aussi, paradoxalement, de se libérer des contraintes du monde et d'accéder à une certaine sagesse. L'écriture y apparaît comme une activité essentielle, la garantie de la seule forme de liberté qui vaille : celle de l'esprit.

DOCUMENT 1

THÉOPHILE DE VIAU, Œuvres poétiques (1621) ♦ XXXI *Stances*

Théophile de Viau (1590-1626) est un poète considéré comme le chef de file des « libertins érudits », qui remettent en cause les certitudes communément admises en matière de philosophie, de morale et de foi. Accusé d'être l'auteur de poèmes licencieux, victime de l'acharnement de ses adversaires jésuites, il est arrêté et emprisonné en 1623. Libéré en 1625, mais affaibli par ses années de prison, il meurt un an plus tard. Dans ce poème, il évoque la souffrance de celui qui attend la mort en prison.

> La frayeur de la mort ébranle le plus ferme :
> Il est bien malaisé
> Que dans le désespoir et proche de son terme
> L'esprit soit apaisé.
> 5 L'âme la plus robuste et la mieux préparée
> Aux accidents du sort,
> Voyant auprès de soi sa fin toute assurée,
> Elle s'étonne[1] fort.
> Le criminel pressé de la mortelle crainte
> 10 D'un supplice douteux[2],
> Encore avec espoir endure la contrainte

---

1. S'étonne : s'effraie. | **2. Douteux :** incertain.

De ses liens honteux.
Mais quand l'arrêt sanglant a résolu sa peine,
Et qu'il voit le bourreau,
15 Dont l'impiteuse[1] main lui détache une chaîne
Et lui met un cordeau,
Il n'a goutte de sang qui ne soit lors glacée ;
Son âme est dans les fers :
L'image du gibet lui monte à la pensée,
20 Et l'effroi des enfers.
L'imagination de cet objet funeste
Lui trouble la raison,
Et sans qu'il ait du mal, il a pis que la peste,
Et pis que le poison.
25 Il jette malgré lui les siens dans la détresse,
Et traîne en son malheur
Des gens indifférents qu'il voit parmi la presse
Parler de sa douleur.
Partout dedans la Grève[2] il voit fendre la terre,
30 La Seine et l'Achéron[3],
Chaque rayon du jour est un trait de tonnerre,
Et chaque homme Charon.
La consolation que le prêcheur[4] apporte
Ne lui fait point de bien ;
35 Car le pauvre se croit une personne morte,
Et n'écoute plus rien.
Les sens sont retirés, il n'a plus son visage,
Et dans ce changement
Ce serait être fol de conserver l'usage
40 D'un peu de jugement.
La nature, de peine et d'horreur abattue,
Quitte ce malheureux :
Il meurt de mille morts, et le coup qui le tue
Est le moins rigoureux.

1. **Impiteuse :** impitoyable.
2. **Grève :** place de Grève, où avaient lieu les exécutions capitales.
3. **Achéron :** fleuve des enfers. Charon avait pour mission d'aider les hommes à le traverser pour parvenir au séjour des morts.
4. **Prêcheur :** représentant de l'Église, censé assister les condamnés à mort avant leur exécution.

DOCUMENT 2

PIERRE CORNEILLE, *L'Illusion comique* (1635) ♦ acte IV, scène 7, v. 1237-1288

Adraste a surpris l'échange amoureux entre Isabelle et Clindor, qui l'a tué. Géronte fait immédiatement arrêter le meurtrier. Clindor, qui ne sait pas que Lise a manœuvré auprès du geôlier pour obtenir sa libération, pense être condamné à mort. Dans un monologue marqué par le registre pathétique, il exprime son désespoir.

DOCUMENT 3

VOLTAIRE, *Traité sur la Tolérance* (1763)

Dans son œuvre, Voltaire se fait le porte-parole de Jean Calas, protestant de Toulouse faussement accusé de la mort de son fils, retrouvé pendu le 12 octobre 1761. Calas aurait assassiné le jeune homme par fanatisme, pour l'empêcher de se convertir au catholicisme. Voltaire montre que le protestant a surtout été la victime de l'obscurantisme et de l'arbitraire de la justice.

Il paraissait impossible que Jean Calas, vieillard de soixante-huit ans, qui avait depuis longtemps les jambes enflées et faibles, eût seul étranglé et pendu un fils âgé de vingt-huit ans, qui était d'une force au-dessus de l'ordinaire ; il fallait absolument qu'il eût été assisté dans cette exécution par sa femme, par
5 son fils Pierre Calas, par Lavaisse[1] et par la servante. Ils ne s'étaient pas quittés un seul moment le soir de cette fatale aventure. Mais cette supposition était encore aussi absurde que l'autre : car comment une servante zélée catholique aurait-elle pu souffrir que des huguenots assassinassent un jeune homme élevé par elle pour le punir d'aimer la religion de cette servante ? Comment Lavaisse
10 serait-il venu exprès de Bordeaux pour étrangler son ami dont il ignorait la conversion prétendue ? Comment une mère tendre aurait-elle mis les mains sur son fils ? Comment tous ensemble auraient-ils pu étrangler un jeune homme aussi robuste qu'eux tous, sans un combat long et violent, sans des cris affreux qui auraient appelé tout le voisinage, sans des coups réitérés, sans des
15 meurtrissures, sans des habits déchirés.

Il était évident que, si le parricide avait pu être commis, tous les accusés étaient également coupables, parce qu'ils ne s'étaient pas quittés d'un moment ; il était évident qu'ils ne l'étaient pas ; il était évident que le père seul ne pouvait l'être ; et cependant l'arrêt condamna ce père seul à expirer sur la roue[2].

---

1. Lavaisse : ami de la victime, invité chez les Calas le soir du drame.

2. Roue : supplice consistant à briser les membres d'un condamné attaché à une roue.

20 Le motif de l'arrêt était aussi inconcevable que tout le reste. Les juges qui étaient décidés pour le supplice de Jean Calas persuadèrent aux autres que ce vieillard faible ne pourrait résister aux tourments[1], et qu'il avouerait sous les coups des bourreaux son crime et celui de ses complices. Ils furent confondus, quand ce vieillard, en mourant sur la roue, prit Dieu à témoin de son 25 innocence, et le conjura de pardonner à ses juges.

DOCUMENT 4

VICTOR HUGO, *Le Dernier Jour d'un condamné* (1829) ♦ chapitre VI

Victor Hugo (1802-1885), vigoureusement opposé à la peine de mort, présente les réflexions et la souffrance d'un homme en attente de son exécution. Il met en évidence la barbarie d'un châtiment qui relève de la vengeance, et non de la justice. Pour le condamné, l'écriture est le seul moyen de donner un sens aux derniers moments de son existence.

Je me suis dit :

Puisque j'ai le moyen d'écrire, pourquoi ne le ferais-je pas ? Mais quoi écrire ? Pris entre quatre murailles de pierre nue et froide, sans liberté pour mes pas, sans horizon pour mes yeux, pour unique distraction machinalement 5 occupé tout le jour à suivre la marche lente de ce carré blanchâtre que le judas de ma porte découpe vis-à-vis sur le mur sombre, et, comme je le disais tout à l'heure, seul à seul avec une idée, une idée de crime et de châtiment, de meurtre et de mort ! est-ce que je puis avoir quelque chose à dire, moi qui n'ai plus rien à faire dans ce monde ? Et que trouverai-je dans ce cerveau flétri et vide qui 10 vaille la peine d'être écrit ?

Pourquoi non ? Si tout, autour de moi, est monotone et décoloré, n'y a-t-il pas en moi une tempête, une lutte, une tragédie ? Cette idée fixe qui me possède ne se présente-t-elle pas à moi à chaque heure, à chaque instant, sous une nouvelle forme, toujours plus hideuse et plus ensanglantée à mesure que le 15 terme approche ? Pourquoi n'essaierais-je pas de me dire à moi-même tout ce que j'éprouve de violent et d'inconnu dans la situation abandonnée où me voilà ? Certes, la matière est riche ; et, si abrégée que soit ma vie, il y aura bien encore dans les angoisses, dans les terreurs, dans les tortures qui la rempliront, de cette heure à la dernière, de quoi user cette plume et tarir cet encrier. – 20 D'ailleurs, ces angoisses, le seul moyen d'en moins souffrir, c'est de les observer, et les peindre m'en distraira.

---

1. Tourments : supplices, tortures.

Et puis, ce que j'écrirai ainsi ne sera peut-être pas inutile. [...] N'y aura-t-il pas dans ce procès-verbal de la pensée agonisante, dans cette progression toujours croissante de douleurs, dans cette espèce d'autopsie intellectuelle

25 d'un condamné, plus d'une leçon pour ceux qui condamnent ?

DOCUMENT 5

ALBERT CAMUS, *L'Étranger* (1942), © Éditions Gallimard

Dans le célèbre roman d'Albert Camus (1913-1960), Meursault paraît indifférent à sa propre vie, y compris à la mort de sa mère. Coupable d'avoir tué un Arabe sur une plage, parce qu'il se croyait menacé, il prend conscience, au cours de son procès, de l'absurdité de l'existence.

Le procureur s'est alors retourné vers le jury et a déclaré : « Le même homme qui au lendemain de la mort de sa mère se livrait à la débauche la plus honteuse a tué pour des raisons futiles et pour liquider une affaire de mœurs inqualifiable. »

5 Il s'est assis alors. Mais mon avocat, à bout de patience, s'est écrié en levant les bras, de sorte que ses manches en retombant ont découvert les plis d'une chemise amidonnée : « Enfin, est-il accusé d'avoir enterré sa mère ou d'avoir tué un homme ? » Le public a ri. Mais le procureur s'est redressé encore, s'est drapé dans sa robe et a déclaré qu'il fallait avoir l'ingénuité de l'honorable

10 défenseur profonde, pathétique, essentielle. « Oui, s'est-il écrié avec force, j'accuse cet homme d'avoir enterré une mère avec un cœur de criminel. » Cette déclaration a paru faire un effet considérable sur le public. Mon avocat a haussé les épaules et essuyé la sueur qui couvrait son front. Mais lui-même paraissait ébranlé et j'ai compris que les choses n'allaient pas bien pour moi.

15 L'audience a été levée. En sortant du palais de justice pour monter dans la voiture, j'ai reconnu un court instant l'odeur et la couleur du soir d'été. Dans l'obscurité de ma prison roulante j'ai retrouvé un à un, comme du fond de ma fatigue, tous les bruits familiers d'une ville que j'aimais et d'une certaine heure où il m'arrivait de me sentir content. Le cri des vendeurs de journaux dans l'air

20 déjà détendu, les derniers oiseaux dans le square, l'appel des marchands de sandwiches, la plainte des tramways dans les hauts tournants de la ville et cette rumeur du ciel avant que la nuit bascule sur le port, tout cela recomposait pour moi un itinéraire d'aveugle, que je connaissais bien avant d'entrer en prison. Oui, c'était l'heure où, il y avait longtemps, je me sentais content. Ce qui

25 m'attendait alors, c'était toujours un sommeil léger et sans rêves. Et pourtant quelque chose était changé puisque, avec l'attente du lendemain, c'est ma

cellule que j'ai retrouvée. Comme si les chemins familiers tracés dans les ciels d'été pouvaient mener aussi bien aux prisons qu'aux sommeils innocents.

DOCUMENT 6

JEAN GENET, *Le Balcon* (1956), © Éditions Gallimard

Jean Genet (1910-1986) a commencé à écrire en prison. Dans son œuvre, il se révèle fasciné par la transgression et l'immoralité. Le Balcon se déroule dans une maison close. Chacun y vient pour se déguiser et jouer un rôle. Le Juge demande à la Voleuse de respecter la cérémonie de l'interrogatoire et d'avouer sa faute pour le conforter dans son « être de juge ».

LE JUGE, *irrité*. – Vas-tu me répondre, oui ou non ? Qu'as-tu volé encore ? Où ? Quand ? Comment ? Combien ? Pourquoi ? Pour qui ? – Réponds.

LA VOLEUSE. – Très souvent je suis entrée dans les maisons pendant l'absence des bonnes, en passant par l'escalier de service. Je volais dans les tiroirs, je cassais la tirelire des gosses. *(Elle cherche visiblement ses mots.)* Une fois, je me suis déguisée en honnête femme. J'avais mis un costume tailleur puce[1], un chapeau de paille noire avec des cerises, une voilette[2], et une paire de souliers noirs – talons bottier – alors, je suis entrée...

LE JUGE, *pressé*. – Où ? Où ? Où ? Où – où-où ? Où es-tu entrée ?

(Les où enfilés doivent à la fin donner : Hou ! Hou ! Hou ! comme pour effrayer.)

LA VOLEUSE. – Je ne sais plus, pardonnez-moi.

LE BOURREAU. – Je cogne.

LE JUGE. – Pas encore. *(À la fille.)* Où es-tu entrée ? Dis-moi où ? Où ? Où ? Où ? Où ? Hou ! Hou ! Hou !...

LA VOLEUSE, *affolée*. – Mais je vous jure, je ne sais plus.

LE BOURREAU. – Je cogne ? Monsieur le Juge, je cogne ?

LE JUGE, *au Bourreau et s'approchant de lui*. – Ah ! Ah ! ton plaisir dépend de moi. Tu aimes cogner, hein ? Je t'approuve, Bourreau ! Magistral tas de viande, quartier de bidoche qu'une décision de moi fait bouger ! *(Il feint de se regarder dans le Bourreau.)* Miroir qui me glorifie ! Image que je peux toucher, je t'aime. Jamais je n'aurais la force ni l'adresse pour laisser sur son dos des zébrures de feu. D'ailleurs, que pourrais-je faire de tant de force et d'adresse ? *(Il le touche.)* Tu es là ? Tu es là, mon énorme bras, trop lourd pour moi, trop gros, trop gras pour mon épaule et qui marche tout seul à

1. Puce : d'une couleur rouge-brun.

2. Voilette : petit voile transparent cousu à un chapeau de femme.

côté de moi ! Bras, quintal de viande, sans toi je ne serais rien *(À la voleuse.)*
25 Sans toi non plus, petite. Vous êtes mes deux compléments parfaits. Ah le
joli trio que nous formons ! *(À la Voleuse)* Mais toi, tu as un privilège sur
lui, sur moi aussi d'ailleurs, celui de l'antériorité. Mon être de juge est une
émanation de ton être de voleuse. Il suffirait que tu refuses mais ne t'en
avise pas ! que tu refuses d'être qui tu es – ce que tu es, donc qui tu es – pour
30 que je cesse d'être et que je disparaisse, évaporé. Crevé, volatilisé. Nié.
D'où : le Bien issu du Mais alors ? Mais alors ? Mais tu ne refuseras pas,
n'est-ce pas ? Tu ne refuseras pas d'être une voleuse ? Ce serait mal. Ce
serait criminel. Tu me priverais d'être ! *(Implorant.)* Dis, mon petit, mon
amour, tu ne refuseras pas ?
35 LA VOLEUSE, *coquette.* – Qui sait ?

DOCUMENT 7

L'Illusion comique **de Corneille, mise en scène de Marion Bierry**, avec Marianne
Epin (Lyse), Marion Bierry (Isabelle), Thomas Cousseau (Clindor) et Emmanuel
Courcol (juin 2007), Paris, Théâtre Hebertot, (→ 3e de couverture et p. 191)

*La mise en scène de Marion Bierry replace bien l'action vue par Pridamant dans
le cadre de la grotte où exerce le magicien Alcandre. L'apparition de Clindor à la
fenêtre de sa prison, où Géronte le fait enfermer après la mort d'Adraste, produit
un nouvel effet de mise en abyme. Le décor traduit également la scission entre les
générations : Isabelle parle à Clindor, et son père paraît bien seul à exercer ce qu'il
croit être la justice.*

La mise en scène de l'irrationnel

| SUJET D'ÉCRIT 1 |

Objets d'étude :

La tragédie et la comédie au XVIIe siècle : le classicisme

Le théâtre : texte et représentation

DOCUMENTS *(Les documents figurent dans l'ouvrage, p. 172-177)*

- **PIERRE CORNEILLE, *L'Illusion comique*** (1635), acte I, scène 2 → DOC 2
- **MOLIÈRE, *Dom Juan*** (1663), acte V, scènes 5 et 6 → DOC 3
- **ALFRED DE MUSSET, *Les Caprices de Marianne*** (1833), scène 1 → DOC 5
- **PAUL CLAUDEL, *Le Soulier de Satin ou le pire n'est pas toujours sûr*** (1924) → DOC 6

QUESTIONS SUR LE CORPUS

1 En quoi peut-on dire que les extraits présentés laissent place à l'irrationnel ?

2 Montrez dans quelle mesure la représentation de l'irrationnel est au service d'une leçon que l'on peut considérer comme raisonnable.

TRAVAUX D'ÉCRITURE

Commentaire (séries générales)

Vous ferez le commentaire du texte de Corneille (document 1).

Commentaire (séries technologiques)

Vous ferez le commentaire du texte de Corneille (document 1), en vous aidant des pistes de lecture suivantes :

– Vous montrerez que Corneille crée, dans cette scène, une atmosphère mystérieuse et inquiétante autour du personnage d'Alcandre.

– Vous montrerez que le magicien est aussi un metteur en scène, dont le spectacle est destiné à soulager Pridamant.

Dissertation

Le théâtre doit-il être réaliste ? Vous répondrez à cette question dans un développement précis et argumenté, en vous appuyant sur les textes du *corpus* et sur votre culture personnelle.

Écriture d'invention

Pridamant, effrayé par le spectacle que lui présente le magicien, décide finalement de s'enfuir. Il doit renoncer à l'espoir d'avoir des nouvelles de son fils. Vous écrirez son monologue. Vous utiliserez le registre pathétique.

Littérature et justice : paroles de condamnés

| SUJET D'ÉCRIT 2 |

Objets d'étude :

La tragédie et la comédie au XVIIe siècle : le classicisme

Le théâtre : texte et représentation

La question de l'Homme dans les genres de l'argumentation du XVIe siècle à nos jours

DOCUMENTS *(Les documents figurent dans l'ouvrage, p. 180-183)*

- **PIERRE CORNEILLE, *L'Illusion comique*** (1635), acte IV, scène 7 → DOC 2
- **VICTOR HUGO, *Le Dernier Jour d'un condamné*** (1829), chapitre VI → DOC 4
- **ALBERT CAMUS, *L'Étranger*** (1942) → DOC 5

QUESTIONS SUR LE CORPUS

1 En vous appuyant en particulier sur une analyse du registre de chacun des textes, vous vous demanderez comment s'exprime la souffrance du condamné.

2 Vous montrerez que cette souffrance est aussi, pour le condamné, l'occasion d'accéder à une forme de sagesse.

TRAVAUX D'ÉCRITURE

Commentaire (séries générales)

Vous ferez le commentaire du texte de Corneille (document 1).

Commentaire (séries technologiques)

Vous ferez le commentaire du texte de Corneille (document 1), en vous aidant des pistes de lecture suivantes :

– Vous montrerez que le monologue de Clindor pourrait trouver sa place dans une tragédie.

– Vous montrerez que le monologue traduit également la souffrance et la fragilité de l'homme face à la mort.

Dissertation

L'écriture nous permet-elle d'«apprendre à mourir»? Vous répondrez à cette question dans un développement précis et argumenté, en vous appuyant sur les textes du *corpus* et sur votre culture personnelle.

Écriture d'invention

Clindor décide de profiter des heures qui lui restent à vivre pour écrire une lettre à celle qu'il aime. Il lui explique l'importance pour lui de cette démarche, fait le bilan de sa vie et lui exprime ses dernières volontés. Vous écrirez cette lettre.

Un type comique : le personnage de Matamore

• **PIERRE CORNEILLE, *L'Illusion comique*** (1635), acte II, scène 2 → v. 221-256

QUESTION

Montrez que Matamore est un personnage ridicule.

Pour vous aider à répondre

a Analysez l'image de guerrier et de séducteur que le personnage donne de lui-même. Sur quels procédés s'appuie le caractère comique de son discours ?

b Précisez l'attitude de Clindor à l'égard de Matamore.

c Montrez que Matamore est essentiellement un être de paroles, dont le discours est caractérisé par la fantaisie et les excès.

COMME À L'ENTRETIEN

1 Matamore est-il fanfaron jusqu'au bout de la pièce ? Montrez que son attitude change à l'acte IV.

2 Pourquoi Clindor entre-t-il dans le jeu de Matamore ? En quoi une telle stratégie sert-elle ses intérêts ?

3 Clindor et Matamore sont-ils des personnages si différents ? Vous préciserez ce qui peut permettre de les rapprocher.

4 Adraste et Clindor sont-ils des amoureux plus respectables que Matamore ? Justifiez votre réponse.

5 Pouvez-vous citer d'autres types comiques que Matamore ? Montrez que ces personnages sont caractérisés par une psychologie simplifiée et que leur fonction est surtout de faire rire.

Le dénouement : l'éloge du théâtre | SUJET D'ORAL 2 |

● **PIERRE CORNEILLE**, *L'Illusion comique* (1635), acte V, scène 6 → v. 1765 à la fin

QUESTION

Montrez que le dénouement de la pièce constitue un éloge du théâtre.

Pour vous aider à répondre

a Montrez qu'Alcandre révèle progressivement la vérité à Pridamant et qu'il met fin ainsi à l'illusion théâtrale.
b Précisez les vertus qu'Alcandre prête au théâtre.
c Expliquez ce que l' « illusion » a apporté à Pridamant.

COMME À L'ENTRETIEN

1 Montrez que ce dénouement est heureux et correspond aux exigences traditionnelles d'un dénouement de comédie.

2 Quels indices Corneille nous avait-il donnés au cours de la pièce pour nous faire comprendre que Clindor était comédien ?

3 Vous vous demanderez dans quelle mesure on peut rapprocher les personnages de Géronte et de Pridamant.

4 Alcandre nous apprend que les comédiens jouent une tragédie : quelle est la place du registre tragique dans l'œuvre ?

5 Pourquoi Pridamant s'émeut-il de voir son fils devenu comédien ? Précisez les critiques dont le théâtre est l'objet au XVIIe siècle.

Un exemple de mise en abyme en peinture

DOCUMENT 1

• **DIEGO VÉLASQUEZ** (1599-1660), *Les Ménines* (1599-1660), huile sur toile, 318 x 276 cm, Madrid, Musée du Prado, → 2e de couverture

Le tableau représente une grande pièce du palais du roi Philippe IV d'Espagne, à Madrid. Derrière les personnages, Vélasquez se peint lui-même et son regard semble chercher le spectateur de la peinture. Un miroir ou un tableau, à l'arrière-plan, donne à voir l'image du couple royal.

QUESTIONS

1 Identifiez les personnages de la cour présents dans cette scène (peintre, couple royal, infante, demoiselles d'honneur, nains...). Quelle place, dans la composition du tableau, Vélasquez réserve-t-il à chacun d'entre eux ?

2 Analysez les différents effets de mise en abyme dans le tableau : quel(s) effet(s) produisent-ils ?

3 Analysez l'image que Vélasquez donne du peintre et de la peinture. Quelle idée Vélasquez semble-t-il se faire de son rôle à la cour ?

4 Montrez que les personnages sont, pour beaucoup d'entre eux, tournés vers le spectateur, qui devient un sujet essentiel du tableau.

La mise en scène de l'enfermement

DOCUMENT 2

• *L'ILLUSION COMIQUE* de CORNEILLE, mise en scène de Marion Bierry (juin 2007), Paris, Théâtre Hebertot → p. 184 et 3e de couverture

QUESTIONS

1 IDécrivez les costumes et le décor choisis pour cette mise en scène. Le parti pris de Marion Bierry vous semble-il être, ou non, d'inscrire le spectacle dans le contexte du XVIe siècle ? Justifiez votre réponse.

2 Décrivez et analysez les différents effets de mise en abyme qui structurent l'espace scénique.

3 Quelles émotions les personnages vous paraissent-ils exprimer à ce moment de la pièce ? Montrez comment le jeu des acteurs et les effets de lumière contribuent à traduire la gravité de la situation.

PAPIER À BASE DE
FIBRES CERTIFIÉES

Hatier s'engage pour
l'environnement en réduisant
l'empreinte carbone de ses livres.
Celle de cet exemplaire est de :
400 g éq. CO_2
Rendez-vous sur
www.hatier-durable.fr

Conception graphique de la maquette : c-album, Jean-Baptiste Taisne, Rachel Pfleger (texte); Lauriane Tiberghien (dossier); Principe de couverture : Double • Mise en pages: Chesteroc Ltd • Suivi éditorial: Charlotte Monnier.

Achevé d'imprimer par Grafica Veneta à Trebaseleghe - Italie
Dépôt légal 95928-8/01 - Août 2012